Menja Holtz

Aufnahme, Integration und Rückkehr von MigrantInnen

Das chilenische Exil in Hannover 1973-94

Menja Holtz

AUFNAHME, INTEGRATION UND RÜCKKEHR VON MIGRANTINNEN

Das chilenische Exil in Hannover 1973-94

ibidem-Verlag
Stuttgart

Bibliografische Information Der Deutschen Bibliothek

Die Deutsche Bibliothek verzeichnet diese Publikation in der Deutschen Nationalbibliografie; detaillierte bibliografische Daten sind im Internet über <http://dnb.ddb.de> abrufbar.

∞

Gedruckt auf alterungsbeständigem, säurefreien Papier
Printed on acid-free paper

ISBN: 3-89821-440-0

Printed in Germany

Inhaltsverzeichnis

I. Einleitung

I.1. Globale Migrationsprozesse

Migration in ihren verschiedenen Formen war zwar schon immer ein Bestandteil menschlicher Gesellschaft, jedoch hatte sie nie zuvor komplexere Auswirkungen auf diese und einen größeren Umfang als heute. Lebten 1993 noch 70-85 Millionen Menschen außerhalb ihrer Staaten, nicht eingerechnet illegale Zuwanderer und 16 Millionen Flüchtlinge zu der Zeit, so waren es im Jahr 2000 bereits 150 Millionen.[1] Das macht 2,5 % der Weltbevölkerung aus; hinzu kommen über 60 Millionen Flüchtlinge und Binnenvertriebene.[2] Im Kontext der fortschreitenden Globalisierung werden diese Wanderungsbewegungen weiter zunehmen. Auch werden sie sich weiter internationalisieren und diversifizieren, da sich ihre Ursachen weiter verschärfen. Zum einen sind das die ungleiche wirtschaftliche Entwicklung bzw. Verteilung der Reichtümer zwischen der sog. Dritten und Ersten Welt und die globale Umweltzerstörung.[3] Zum anderen sind es die Verbesserung der Transport- und Kommunikationswege und die Globalisierung kultureller Werte, welche „die Migrationsbereitschaft größerer Bevölkerungen" erhöht.[4]

Migration ist ein brisantes und gesamtgesellschaftlich relevantes Thema unserer Zeit, denn „internationale MigrantInnen sind eine transnationale politische, soziale und wirtschaftliche Kraft geworden, ganz ähnlich der modernen multinationalen Zusammenarbeit, die eine Rolle in zwei oder mehr Gesellschaften spielen und deren Beziehungen zueinander beeinflussen."[5] Es handelt sich dabei um verschiedene Migrationsbewegungen, die „als Sozial-

---

[1] Daten aus: ILO/IMO/UNHCR (1994): *Migrants, Refugees and International Cooperation*; Genf; S. 2; nach Opitz 1997: 33 & IMO (2000): *World Migration Report*, Genf; nach Hollifield 2003: 42, vgl. ebenda auch zu Folgendem.

[2] Vgl. UNHCR 2004. Nach dem UNHCR-Bericht vom 01.01.2003 gab es weltweit 20.556.700 Flüchtlinge unter dem UNHCR-Mandat und etwa 40-45 Millionen Binnenvertriebene. Ihre Zahl nimmt aufgrund des Bemühens internationaler Organisationen und Regierungen, Flüchtlingsströme möglichst innerhalb der sie generierenden Länder zu halten, zu (vgl. ebenda & Weiner 1997: 100).

[3] Vgl. auch zu Folgendem Han 2000: 101 ff. & Weiner 1997: 95 & Opitz 1997: 36-41 & Morawska/Spohn 1997: 50 f. zur europäischen Migration.

[4] Opitz 1997: 39.

[5] Weiner 1997: 114. Ich habe das englische ‚migrants' mit der zweigeschlechtlichen Form des deutschen Wortes übersetzt, da ich ausdrücklich den Aspekt der Zweigeschlechtlichkeit in die Arbeit einbeziehen will. Vgl. auch Morawska/Spohn 1997: 29 / 51 zur ‚Politisierung' von Migration & Weiner 1997: 102-13, der von einer *migration crisis* spricht.

prozesse [...] Antworten auf mehr oder minder komplexe ökonomische und ökologische, soziale und kulturelle, aber auch religiös-weltanschauliche, ethnische und politische Existenz- und Rahmenbedingungen“ sind.[6]

I.2. Migration und Integration in der BRD

Die BRD ist ein Einwanderungsland: Seit dem Zweiten Weltkrieg sind fünf große MigrantInnengruppen nach Deutschland gekommen — Vertriebene und andere Kriegsflüchtlinge, (Spät)AussiedlerInnen, ‚ÜbersiedlerInnen' aus der DDR, die so genannten ‚GastarbeiterInnen' und Asylsuchende. „Deutsche Zuwanderungen 1945-90 (15 Mio.) und Ausländerbevölkerung im Westen 1990 (5,2 Mio.) entsprachen zusammen, [...], einem Drittel der Wohnbevölkerung im deutschen Westen am Vorabend der deutschen Vereinigung“.[7] Dennoch mangelte es bisher in der deutschen Migrationspolitik an einer praktischen Umsetzung dieses Tatbestands. Stattdessen ist seit Anfang der 1970er Jahre eine fortschreitende Abschottung gegenüber Zuwanderung festzustellen. Parallel ist eine latente Fremdenfeindlichkeit in Politik und Bevölkerung festzustellen, von der Asylsuchende u. a. ‚AusländerInnen', die sich im Land aufhalten, betroffen sind.[8] Den meisten von ihnen wird eine gesellschaftliche Partizipation unter dem Vorwand verwehrt, dass sie ‚Fremde' seien.

Demgegenüber steht, ebenfalls seit den 1970ern, die „deutschsprachige[..] Migrationsforschung, die sich in ihren wesentlichen Teilen schon immer als Integrationsforschung verstanden hat“.[9] Ihre Forschungsergebnisse verweisen darauf, dass Migration ein natürliches Phänomen ist, das konstruktiv zu Gesellschaft und Wirtschaft beitragen kann.[10] Die Forschungsergebnisse fanden jedoch bisher kaum Zugang zu den staatlichen Entscheidungsinstan-

---

[6] Bade 2002: 55.
[7] Bade 1997: 11 & vgl.: Bade/Münz 2002b: 11, die für 2002 auf 12 % MigrantInnen „in der einen oder anderen Form“ der Bevölkerung Deutschlands kommen.
[8] Vgl. Benzler 1997: 220 / 241 f. & Bukow/Llaryora 1998: 14 / 114 ff. auch zu Folgendem.
[9] Becker 2002: 7. Als VertreterInnen wären zu nennen: Friedrich Blahusch & die Forschungen des Osnabrücker *Instituts für Migrationsforschung und Interkulturelle Studien* (IMIS) und seines Leiters Klaus Bade & Wolf-Dietrich Bukow/Roberto Llaryora & Franz Nuscheler & Annette Treibel.
[10] Vgl. Bade 1992: 25 & Bade 1997: 38 & Bade 2002: 32.

zen. Dies soll sich nach offiziellen Angaben mit dem neuen Zuwanderungsgesetz ändern – allerdings nur für „attraktive Migranten".[11]

I.3. Zielsetzung der Arbeit

Aus den oben angeführten Migrationsprozessen resultieren Problemstellungen, die ich exemplarisch an einer Gruppe von MigrantInnen, nämlich chilenischen Exilierten in Hannover, untersuchen möchte. Im Mittelpunkt stehen hierbei Fragestellungen zur Integration:

Welche Faktoren wirken hemmend, welche fördernd auf den Integrationsprozess ein? Welche Bedeutung haben die Umstände der Migration und der Einreise in das Aufnahmeland BRD? Welche Hilfen benötigen die MigrantInnen? Wie ist mit eventuellen Sicherheitsbedenken gegenüber MigrantInnen umzugehen und wie weit sind sie berechtigt? Inwieweit trägt das Verhältnis zwischen Bevölkerung und MigrantInnen zur Integration bei? Welche Rolle spielt das Erlernen der Sprache des Aufnahmelandes? Welche Bedeutung kommt der Aufnahme einer Arbeit zu? Wie bewältigen MigrantInnen den Wechsel von der einen Gesellschaft in die andere psychisch? Wie wirken sich ein politisches Bewusstsein, eine Reflexion oder wissenschaftliche Auseinandersetzung mit der (eigenen) Migrationssituation auf den Integrationsprozess aus? Nicht zuletzt untersuche ich, wie die Rückkehrorientierung und die Möglichkeiten ihrer Verwirklichung das Leben im neuen Land beeinflussen.

Eine weitergehende Fragestellung ist die nach der Übertragbarkeit der aus der exemplarischen Fallanalyse gewonnenen Erkenntnisse auf andere MigrantInnengruppen. Trotz aller Gemeinsamkeiten sind Wanderungsbewegungen heterogen, somit kann nicht selbstverständlich davon ausgegangen werden, dass Forschungsergebnisse auf alle MigrantInnen anwendbar sein müssen.

Im Kontext der Migrationsforschung stellt sich aber auch die wissenschaftstheoretische Frage der Interdisziplinarität. Bisher behinderte die klare Abtrennung der wissenschaftlichen Disziplinen voneinander die Erforschung

---

[11] Bundeskanzler Gerhard Schröder am 25.05.2004; nach REGIERUNGOnline, URL: http://www.bundesregierung.de/servlet/init.cms.layout.htm & vgl. Bade/Münz 2002b: 15-20 & Bundesministerium des Inneren (2002) & siehe V.3.

der Lage von ‚ethnischen Minoritäten' in der BRD.[12] Deshalb liegt dieser Studie bewusst ein interdisziplinärer Ansatz zugrunde. Nach meinem Verständnis kann eine historische Arbeit nur unter Berücksichtigung anderer Forschungsrichtungen, wie in diesem Fall der Sozial- und Politikwissenschaft sowie der (Sozial)Psychologie, eine realitätsgerechte Darstellung ihres Gegenstands bieten.

I.4. Exemplarischer Untersuchungsgegenstand – chilenische Flüchtlinge in Hannover

Das chilenische Exil in Hannover eignet sich aus mehreren Gründen für eine exemplarische Untersuchung:

Erstens handelt es sich um einen weitgehend abgeschlossenen Prozess von Integration und Rückkehr, der von dem gegen die sozialistische Regierung Salvador Allendes gerichteten Militärputsch am 11.09.1973 bis etwa 1994 andauerte. Die durch den Putsch installierte Diktatur Pinochets war im Jahr 1989 offiziell beendet und 1994 kehrten die letzten offiziell anerkannten ‚RückkehrerInnen aus dem chilenischen Exil' in der BRD zurück, unter ihnen auch einer der letzten ‚hannoverschen' ChilenInnen. Das korrespondiert zeitlich in etwa mit der Phase des Umbruchs in der Asyl- und Ausländerpolitik der BRD, in deren Verlauf das vorbildliche Asylrecht aus der Gründungszeit der BRD demontiert wurde. Sie begann mit dem Anwerbestopp für ausländische ArbeiterInnen und mündete in die Grundgesetzänderung, die 1993 in Kraft trat.

Zweitens bietet der Fall eine detaillierte Einsicht in die Realität und gegenseitige Beeinflussung von Flucht, Exil und Rückkehr. Dabei lassen sich Verbindungen von politischen und wirtschaftlichen Motiven sowohl auf Seiten des Aufnahmestaates als auch der MigrantInnen aufzeigen.

Drittens fanden die ChilenInnen – insbesondere aufgrund einer umfassenden und engagierten Solidaritätsbewegung – im Vergleich mit anderen MigrantInnen gute Bedingungen vor. Durch die geringere Dominanz existenzieller Probleme wird ein breiteres Spektrum von Migrationsproblemen untersuchbar als es bei benachteiligteren Gruppen der Fall ist. So konnten einige

[12] Bukow/Llaryora 1998: 29 & vgl. Bommes 2002: 91, der Interdisziplinarität in der Migrationsforschung als „unerläßlich" ansieht (ebenda).

der ChilenInnen sogar in eine wissenschaftliche Auseinandersetzung mit ihrem Exil treten. Aus diesem Grund eignet sich das chilenische Exil besonders, um das Wechselverhältnis von Staat, Bevölkerung und MigrantInnen zu beleuchten.

Für mich persönlich spielt es zudem eine Rolle, dass es sich um ein globales Thema mit lokalem Bezug handelt, sodass die Verknüpfungen zwischen internationalen und lokalen Ereignissen anschaulich werden. Da das chilenische Exil Teil der Stadtgeschichte Hannovers ist, bestand die Möglichkeit zu eigenen empirischen Untersuchungen in Archiven und zu Interviews mit ZeitzeugInnen und Betroffenen.

I.5. Forschungsstand zum chilenischen Exil

Nach meinem Wissen existiert keine historische Untersuchung des chilenischen Exils, die es in den Kontext der Migration einordnet. Auch gibt es, außer dem Beitrag einer Schülerin zu einem Geschichtswettbewerb aus dem Jahr 2002, keine Arbeit über das chilenische Exil in Hannover.[13]

Es liegen fünf soziologische Studien vor, die das chilenische Exil in der BRD aus der Retrospektive (also nach Abschluss des Exils) untersuchen:

- Ein Beitrag der Diplom-Pädagogin und Aktivistin der Chile-Solidarität Barbara Issel für ein Minderheitenlexikon von 1995, in dem sie das chilenische Exil zusammenfassend behandelt, auf die Problematik der Zahlenangaben zu Flüchtlingen und auf die Exilsituation in der BRD eingeht.
- Ein Kapitel in einem Jahrbuch für Exilforschung aus dem Jahr 2000 von Dr. Irmtrud Wojak und Pedro Holz, der Chilene ist und in Bochum im Exil lebte, wo er sich schriftstellerisch betätigte.
- Ein Vortrag von Prof. Dr. Urs Müller-Plantenberg anlässlich eines Länderseminars zu Chile im Jahr 2001, in dem er seine persön-lichen Erfahrungen als Chile-Sympathisant der ersten Stunde zusammenfasst.
- Ein Artikel aus demselben Jahr von Dr. Jorge Rojas Hernández – ehemaliger Exilierter in Hannover – für die Zeitschrift der Universität in Concepción (Chile), wo er als Dozent tätig ist. Darin befasst er sich

[13] Der Beitrag (Fischer 2002) wird dem Anspruch einer wissenschaftlichen Studie jedoch nicht gerecht, er ist mehr eine Zusammenstellung einiger Fakten und Interviews.

hauptsächlich mit den Schwierigkeiten bei der Reintegration und Konflikten zwischen den *retornados* (den Rückkehren) und der chilenischen Gesellschaft. Dies ist im Übrigen die vermutlich einzige Veröffentlichung zum Exil in Chile selbst, wie mir der Autor in einer E-Mail mitteilte.[14] Das Thema sei „immer noch in gewisser Weise ein Tabu" – „Es gibt andere, wichtigere Sorgen!"[15]

- Die neueste Arbeit ist eine Diplomarbeit im Fach Soziologie, die 2003 von Patricia Szerdo Terán eingereicht wurde. Sie befasst sich aus sozialpsychologischer Sicht mit der Integration in Zusammenhang mit dem Selbstkonzept exilierter ChilenInnen.

Zudem brachten anlässlich des 30. Jahrestages des Putsches einige Zeitungen und Organisationen Artikel über ChilenInnen in Deutschland heraus und 1999 ging eine Ausstellung des Chile-Informationsbüros in Münster auf Tour, welche die Chile-Solidarität in Deutschland thematisierte und historisch beleuchtete.[16]

Des Weiteren liegen vier unveröffentlichte soziologische Diplom- bzw. Magisterarbeiten vor, die in die Zeit des Exils zu rechnen sind und damit keine historische Analyse sein können. Die drei ersten wurden von ExilchilenInnen in der BRD geschrieben und sind thematisch eingegrenzt.[17] Die vierte, 1990 verfasste, Diplomarbeit stammt von Barbara Issel, worin sie die „politische[n], ökonomische[n] und sozialen Rahmenbedingungen im Exilland BRD, deren individuelle Auswirkungen auf die ExilchilenInnen in der BRD vor dem Hintergrund ihrer Sozialisation, die politischen, ökonomischen und sozialen Rahmenbedingungen in Chile, die die Rückkehr ermöglichten und die mit

[14] Rojas Hernández, email am 21.05.2004 an die Verfasserin (M.H.). Die einzige weitere mir bekannte Quelle ist ein Artikel in der Wochenzeitschrift *Análisis* von Gladys Díaz über die Probleme der RückkehrerInnen (#404, 25.11.- 08.12.1991).

[15] Ebenda.

[16] Z. B. *Solidaridad*, *Berliner Zeitung*, *die tageszeitung*, *Hannoversche Allgemeine Zeitung*, Chile-Informationsbüro e.V. 1999.

[17] Daniel Orellana untersuchte 1987 in Berlin die psychischen Auswirkungen des Exils anhand einer empirischen Untersuchung & Victor Rodriguez 1986 in Frankfurt/M „Die Problematik der chilenischen Kinder im Exil am Beispiel der BRD". Beide Arbeiten sind nicht verfügbar, aber kommentiert in der Arbeit von B. Issel, die sie als ungenügend einstuft, um sie auf das Exil in der gesamten BRD zu beziehen (vgl. 1990: 2 f.). Eda Cleary-Diabuno, deren „Aspekte einer Soziologie des Exils von Chilenen in der BRD" 1983 in Aachen verfasst wurde, behandelt das Thema am breitesten, ich verwende ihre Arbeit als Quelle, da sie die Auseinandersetzung innerhalb der Exilgemeinde sowie die Umgangsweise der ChilenInnen mit ihrem Exil veranschaulicht und thematisiert.

dieser Rückkehr für die Einzelnen verbundenen Probleme in Zusammenhang setzt". Sie kommt dem Thema meiner Studie am nächsten.

Die wichtigste veröffentlichte Literatur zum chilenischen Exil in der BRD erschien 1983, herausgegeben von Fred Balke et al.: *Mit dem Kopf hier, mit dem Herzen in Chile.* Es handelt sich nicht um eine wissenschaftliche Arbeit, jedoch beinhaltet sie Erfahrungsberichte von ChilenInnen und zeitgenössische Dokumente. Auch veröffentlichten einzelne ChilenInnen ihre persönlichen Erfahrungen in Form von (Auto)Biographien oder in Zeitschriften.[18] Sie thematisierten Solidaritätsbewegung und Exil aus der Sicht der Betroffenen. Jorge Rojas Hernández, der im hannoverschen Exil lebte, versuchte, die Situation der Exilierten soziologisch zu fassen.[19]

Publikationen aus anderen Themenbereichen, wie Asylpolitik oder deutscher Internationalismus, nehmen ebenfalls Bezug auf die ChilenInnen.[20] Hervorzuheben wäre hier das Buch von Werner Balsen und Karl Rössel aus dem Jahr 1986: *Hoch die internationale Solidarität – zur Geschichte der Dritte Welt Bewegung in der Bundesrepublik*, das die Chile-Solidarität in einen zeitgenössischen Kontext und in Bezug zur internationalistischen Bewegung stellt.

Da das chilenische Exil in Hannover in den historischen, politischen und sozialen Rahmen des gesamten chilenischen Exils und Solidaritätsbewegung in der BRD einzuordnen ist, verwende ich die oben stehenden Quellen, sofern der Bezug zu bzw. Rückschluss auf Hannover gerechtfertigt erscheint.

I.6. Schriftliche Quellen und Befragungen von ZeitzeugInnen

Neben den oben erwähnten Texten verwende ich folgende Primärquellen, die ich in Archiven fand oder die mir von Privatpersonen zur Verfügung gestellt wurden:

- Flugblätter, Broschüren und Bücher damaliger Solidaritäts-Gruppen oder mit der Chile-Solidarität involvierter Personen
- Briefwechsel zwischen den Chile-Komitees oder von Chilenen mit PolitikerInnen verschiedener Parteien oder politischen Institutionen

---

[18] Z.B.: Eisenbürger 1995 & Yañez 1983 & *Solidaridad* #186, Sep/Okt 1996 & Nuscheler 1984 & Germershausen/Narr 1988 & Hamm et al. 1988.
[19] Rojas Hernández 1982.
[20] Amnesty International 1977b & Klausmeier 1984 & Spaich 1982 & Zolberg et al. 1989.

- Sitzungsprotokolle verschiedener hannoverscher Chile-Gruppen
- einen Arbeitsbericht des Chile-Komitees Hannover
- Zeitungsartikel
- Interviews mit ZeitzeugInnen, die ich persönlich geführt habe.[21]

Schriftlich oder audiovisuell fixierte Primärquellen und Erinnerungen von ZeitzeugInnen stellen eine lebendige Annäherung an eine vergangene Zeit dar und ergänzen die historischen Daten und übergreifenden Darstellungen auf sinnvolle Art und Weise. Ich halte eine Kombination von Makro- und Mikrohistorie für sinnvoll, da individuelle Erlebnisse in den zeitgeschichtlichen Kontext eingeordnet werden können und gegenseitige Sinngebung stattfindet, indem der Zusammenhang zwischen gesellschaftlicher und individueller Geschichte und die alltagspraktische Reproduktion des gesellschaftlichen Lebens deutlich wird.[22] Letztlich ergeben alle einzelnen Verhaltensweisen das große Bild der Geschichte.

Die Interviews habe ich mit damaligen AktivistInnen der Chile-Solidarität und mit ChilenInnen, die immer noch in Hannover leben, geführt. (Für genauere Angaben siehe Quellenverzeichnis.) Ich traf mich in der Regel mit jeder/m einzeln (mit zwei Ausnahmen), wobei ich mitschrieb, bei Unklarheiten nachfragte und mir möglichst die Option auf ein zweites Gespräch zur Klärung eventueller Unklarheiten öffnete. Ein Stichwortkatalog diente mir als Leitfaden und Gedankenstütze, ich ließ die Befragten aber möglichst die Reihenfolge der Themen und deren Auswahl selbst bestimmen, um den Erinnerungsfluss nicht zu stören. Ich stellte allerdings Fragen, um die Richtung beizubehalten.[23] Da die Interviews einen exemplarischen Charakter einnehmen, habe ich nur zwei von ihnen auf Tonband aufgenommen.

Einschätzungen und Meinungen über frühere Ereignisse müssen mit Bedacht gehandhabt werden, da Erinnerung sich verändert und im Laufe der Zeit mit anderen Erfahrungen vermischt. Ich analysiere deshalb bei den ChilenInnen größtenteils Angaben zu biographischen Daten, die für sich selbst

---

[21] Siehe Quellenverzeichnis zu den Archiven und Interviews. Den genauen Fundort jeder Quelle gebe ich selbstverständlich in den jeweiligen Fußnoten an.

[22] Vgl. Bude 1984: 7.

[23] Diese Methode nennt man episodisches Interview. Es ist ein durch gezieltes Fragen und die Eingrenzung auf einen bestimmten Bereich zweckmäßig zurechtgeschnittenes narratives Interview (vgl. Flick 2002: 159 ff.).

sprechen, wie Ankunft in Hannover, Arbeitssuche, Erfahrungen mit Deutschen und politische Betätigung. Von Deutschen und ChilenInnen verwende ich Mitteilungen über Ereignisse, wie Solidaritätsaktionen, und Beobachtungen, wie das Verhalten der (Mit)Exilierten. Bei den ChilenInnen, nicht so sehr bei den Deutschen, die ich befragte, stellte sich (trotz Anonymisierung) das Problem des Ver- bzw. Misstrauens, da es sich um eine Studie mit dem Ziel der Veröffentlichung handelte, so dass es sein könnte, dass Fakten verschwiegen oder verzerrt dargestellt wurden.

Die meisten Interviews habe ich auf Deutsch geführt; wo das nicht der Fall war, habe ich die verwendeten Passagen übersetzt. Gleiches gilt für andere Quellen, die ich gegebenenfalls und zum Zwecke besserer Lesbarkeit vom Spanischen oder Englischen ins Deutsche übersetzt habe.

II. Flucht und Aufnahme

II.1. Allgemeine Einführung

II.1.1. Flucht als Form von Migration

Das Forschungsfeld ‚Flucht' ist bisher hauptsächlich von Menschenrechts- und Flüchtlingsorganisationen bearbeitet worden.[24] Die sozialwissenschaftliche Forschung befasst sich erst seit etwa den 1990er Jahren vermehrt mit Fluchtbewegungen. Seitdem wurde erkannt, dass ‚Migration' und ‚Flucht' ein einzelnes Phänomen sind: Die Gründe für das Verlassen eines Gebietes bzw. das Aufsuchen eines neuen, entstehen aus der gleichen globalen Situation und können nicht strikt getrennt werden — eine *rein* ‚wirtschaftliche' oder ‚politische' Migration gibt es nicht. Ebenso wenig gibt es eine rein selbst- oder fremdbestimmte Migration, da in jedem Fall die äußeren Umstände *und* die innere Einsicht für eine Wanderung entscheidend sind.[25] Unterschiedlich ist der Grad, in dem diese Faktoren auf das Individuum oder die Gruppe einwirken (im Fall von Flüchtlingen besteht generell ein größerer äußerer Zwang). So haben ZwangsarbeiterInnen wesentlich weniger (oder gar keine) freie Entscheidung über den Wechsel ihres Aufenthaltsortes als ArbeitsmigrantInnen, die wegen eines Jobangebots in ein anderes Land gehen. Letztere handeln jedoch nicht nur selbstbestimmt, sondern z. B. aufgrund der Notwendigkeit, ihre Familie ernähren zu müssen. Ebenso entscheiden sich nicht alle Menschen in derselben lebensbedrohlichen Lage zu fliehen, sondern wägen (falls Zeit dazu da ist) ab, was am besten für sie erscheint. In diesem Zusammenhang ist das Vorhandensein von aufnahmebereiten Ländern und/oder Migrationspfaden ein entscheidender Faktor — „und die Erreichbarkeit eines solchen Ortes ist zum größten Teil von denen bestimmt, die die Zielorte kontrollieren".[26] Zuletzt ist noch anzumerken, dass jede Form der Migration eine ökonomische Dimension hat — nicht nur in dem Sinne, dass sie im Kontext und unter den Bedingungen des globalen Wirtschaftssystems stattfindet, sondern auch in dem sie Geld kostet, was nicht jeder/m zur Verfü-

---

[24] Vgl. auch zu Folgendem Treibel 1999: 157 f. / 164.

[25] Vgl. auch zu Folgendem Treibel 1999: 167 f., die sich auf die Arbeit des kanadischen Soziologen Anthony H. Richmond und die Migrationstheorie H.-J. Hoffmann-Nowotnys bezieht.

[26] Zolberg et al. 1989: 6.

gung steht. Demnach ist auch Flucht eine Klassenfrage. Ein Blick auf die Geschichte bestätigt dies, denn Wohlhabendere gelangten tendenziell über längere Strecken als Ärmere, bzw. Letztere mussten oftmals die Konsequenzen der unterlassenen Flucht, wie Hunger, religiöse Verfolgung oder Tod, erleiden.

Aus diesem Kontext heraus verbindet sich mit dem Begriff ‚Exil' oder ‚ExilantIn' mehr Prestige als mit ‚Flüchtling'. Es wird oftmals mit dem deutschen Exil während des Nationalsozialismus gleichgesetzt, wobei auch hier der Gedanke an berühmte Persönlichkeiten, wie Bertold Brecht und Thomas Mann, überwiegt, und die vielen unbekannten Flüchtlinge leichter in Vergessenheit geraten. Deshalb benutze ich ‚Exilierte'/'ExilantInnen' und ‚Flüchtlinge' synonym, um die gleichwertige Position *aller* zur Flucht Gezwungenen zu betonen, gleichgültig wie bekannt sie sind oder aus welcher Schicht sie stammen. Das Wort ‚Exilierte' ist nicht im Duden erwähnt, es wurde aber in der Chile-Bewegung verwendet, und beinhaltet m. E. einen stärkeren Zwangscharakter als ‚ExilantIn', weshalb ich Erstem den Vorzug gebe. Ich verwende den Begriff ‚MigrantInnen' auch für Flüchtlinge, um auf die Gemeinsamkeiten der unterschiedlichen Formen von Migration hinzuweisen.

II.1.2. Definition des Begriffes ‚Flüchtling' im Kontext politischer Praxis

Der Begriff ‚réfugeé' entstammt der französischen Sprache in Zusammenhang mit den ersten bürgerlichen Revolutionen und der Entstehung des bürgerlich-kapitalistischen Staates im späten 18. Jahrhundert.[27] Die erste international offizielle Definition seiner wurde in der *Genfer Konvention* von 1951 festgelegt. Demnach ist ein Flüchtling eine Person, die

> „aus der begründeten Furcht vor Verfolgung wegen ihrer Rasse, Religion, Nationalität, Zugehörigkeit zu einer bestimmten sozialen Gruppe oder wegen ihrer politischen Überzeugung sich außerhalb des Landes befindet, dessen Staatsangehörigkeit sie besitzt, und den Schutz dieses Landes nicht in Anspruch nehmen kann oder wegen dieser Befürchtungen nicht in Anspruch nehmen will"[28].

---

[27] Vgl. Zolberg et al. 1989: 8 f.

[28] Artikel 1, Abs. 2 Genfer Konvention, ergänzt durch Artikel I (2) des Protokolls von 1967; zitiert nach Treibel 1999: 160 & Amnesty International 1977b: 19. UNHCR 2004 schreibt „aus begründeter Furcht".

Die Genfer Konvention war das Ergebnis einer durch den Zweiten Weltkrieg ausgelösten Flüchtlingsbewegung von bis dahin im Europa der Neuzeit unbekannten Ausmaßen. Die Institutionen des Völkerbundes, die bis dahin für die Kontrolle der Flüchtlingsströme zuständig gewesen waren, hatten sich als unzureichend erwiesen.[29] Ihre Entstehung wiederum war eine Reaktion auf die Oktoberrevolution in Russland gewesen, die eine beträchtliche Fluchtbewegung ausgelöst hatte. Der Völkerbund wollte durch die Aufnahme der Flüchtlinge gegen die Bolschewisten agitieren, 1921 setzte er einen *High Commissioner* eigens für die Flüchtlinge aus Russland ein. Später kamen weitere Institutionen hinzu, wie die *Internationale Flüchtlingsorganisation* (IRO), deren Mandat mehrmals modifiziert wurde und schließlich in der Genfer Konvention und der Einsetzung des *Hohen Flüchtlingskommissars der Vereinten Nationen* (UNHCR) gipfelte. In der Praxis kümmerte sich der UNHCR bis zum Ende der 1950er Jahre jedoch nur um europäische Nachkriegs- und Ostblock-Flüchtlinge, „denen die westlichen Staaten über das UNHCR Hilfestellung leisten wollten, und die sie für ihre Politik instrumentalisieren konnten".[30]

Das änderte sich mit dem Beginn des Kalten Krieges und der Zunahme von Befreiungsbewegungen und bewaffneten Kämpfen in allen Teilen der Welt. Nun war eine breitere Anwendung der *Genfer Konvention* gefordert, weil die Unterzeichnerstaaten zu ihren demokratischen Prinzipien stehen mussten, auch wenn diese im Angesicht eigenen (europäischen) Leids aufgestellt worden waren und eine massenhafte Fluchtbewegung aus anderen Kontinenten nicht einkalkuliert gewesen war. Die Westmächte übernahmen aber die Kosten und die Aufsicht auch über diese Flüchtlinge, wobei sie sich darum bemühten, möglichst wenige von ihnen in ihren Staaten aufnehmen zu müssen.[31] Menschen aus den kommunistischen Staaten fanden leichteren

---

[29] Vgl. auch zu Folgendem Suhrke 1997: 218 ff.

[30] Treibel 1999: 158. Die Siegermächte des Zweiten Weltkriegs lotsten die Mehrzahl der Kriegsflüchtlinge nach Deutschland, so dass in ihren eigenen Ländern keine nennenswerten Mengen aufgenommen werden mussten. Deutschland profitierte davon letztendlich jedoch, auch wenn viele Wissenschaftler u. a. Spezialisten in andere Länder gerufen wurden und nach Deutschland eher ärmere, bäuerliche Menschen kamen (vgl. Zolberg et al. 1989: 27).

[31] Vgl. Suhrke 1997: 219. In Deutschland z. B. kamen etwa seit Mitte der 1970er prozentual die meisten Asylbewerber aus der Dritten Welt. Tatsächlich ist die Zahl der Binnenver-

Zugang zu den westlichen Staaten, da sie der Propaganda gegen den sozialistischen Ostblock dienten.[32] Durch die Einteilung in ,politische' und ,Wirtschaftsflüchtlinge' seit den 1970er Jahren versuchten die Industrieländer, sich gegen Asylsuchende v. a. aus der Dritten Welt abzuschotten.[33] So legten jegliche Abkommen und Definitionen lediglich fest, „daß dem Staat das Recht (besser Befugnis) zur Asylgewährung von anderen Staaten nicht verwehrt werden [konnte], ein korrespondierendes Recht des Zufluchtsuchenden hat sich demgegenüber aber [...] bis heute nicht durchzusetzen vermocht."[34] Die einzige Sicherheit für Flüchtlinge stellt die Einführung des ,non-refoulment' durch die Zusatzerklärung von 1967 zur Genfer Konvention dar, welche die Abschiebung einer/s Asylsuchenden in ein Land verbietet, in dem die Sicherheit der/des Betreffenden nicht ausreichend gesichert ist.[35]

II.1.3. Historischer Abriss bundesdeutscher Aufnahmepolitik 1945 bis 1990[36]

Die Geschichte des Asylrechts in der BRD ist im oben erwähnten internationalen Kontext zu sehen. Die berühmten vier Worte im Grundgesetz der BRD — „Politisch Verfolgte genießen Asylrecht" — waren als Konsequenz der nationalsozialistischen Vergangenheit darin aufgenommen worden. Deutsche standen (bzw. stehen) nicht nur in der Schuld, den Zweiten Weltkrieg angefangen und damit eine immense Flüchtlingsbewegung in Europa verursacht zu haben, sie hatten auch vorher Tausende zur Flucht aus Deutschland gezwungen, die auf die Aufnahmebereitschaft von europäischen, nahöstlichen und amerikanischen Staaten angewiesen waren, um ihr Leben zu ret-

---

triebenen im Steigen begriffen, die meisten Flüchtlinge aus den ärmeren Regionen suchen in ihren Nachbarländern Zuflucht (vgl. UNHCR 2004).

[32] Vgl. Amnesty International 1977b: 82 ff. & Zolberg et al. 1989: 273 / 180 ff., wo sie z. B. die unterschiedliche Aufnahme von kubanischen und haitianischen Flüchtlingen in die USA beleuchten. (Erstere wurden mit offenen Armen empfangen, letztere auf offener See zurückgetrieben, da das haitianische Regime mit den USA kollaborierte.)

[33] Vgl. Wolken 1987: 160. Zolberg et al. 1989: 30 hingegen halten eine genaue Definition von „Flüchtlingen" für notwendig, um sie von „internationalen MigrantInnen" zu unterscheiden.

[34] Amnesty International 1977b: 15.

[35] Vgl. ebenda 17.

[36] Da die folgenden Jahre für die Aufnahme von chilenischen Flüchtlingen nicht relevant sind, ab 1989 war die Diktatur offiziell beendet, lasse ich sie hier außen vor.

ten. Nach Chile z. B. gelangten 13.000 deutsche Juden.[37] Viele Flüchtlinge aber ließen ihr Leben, da sich kein Land – darunter einige lateinamerikanische Staaten (z. B. Mexiko)[38] – bereit erklärte, sie aufzunehmen. In anderen solidarisierte sich die Bevölkerung (z. B. Argentinien).[39] Die deutschen EmigrantInnen schufen antifaschistische Netzwerke in Lateinamerika, wie *Das Andere Deutschland*, das sich von Argentinien aus in weiteren Ländern ausbreitete.[40] Deshalb und auch aufgrund der Erfahrungen der massiven Zuwanderung der Flüchtlinge und Vertriebenen des Zweiten Weltkriegs, sollte das Thema Flucht und Exil eine in Deutschland bekannte und verstandene Erfahrung sein.[41] Jedoch wurde sie in den Zeiten des Wiederaufbaus und Wirtschaftswunders verdrängt, eine Auseinandersetzung mit der jüngsten Vergangenheit erfolgte kaum.[42] Die Mehrheit der Deutschen richtete stattdessen ihre Aufmerksamkeit und Energie auf den Wiederaufbau.

Die deutsche Wirtschaft profitierte von den vielen Zuwanderern der Nachkriegszeit, seien es die unmittelbaren (deutschen) Kriegsflüchtlinge aus den russisch besetzten Gebieten, oder diejenigen, die einige Jahre später hinzukamen und die Bezeichnung ‚Aussiedler' erhielten. Aufgrund der guten Konjunkturlage herrschte ab den 1950er Jahren wieder ein Mangel an Arbeitskräften. Diesmal warb der Staat entsprechend den Bedürfnissen deutscher Unternehmen sog. ‚GastarbeiterInnen' an, die vornehmlich aus der Türkei, Griechenland, Spanien und Italien kamen.[43] Daneben reisten in sehr geringem Umfang auch Menschen ein, die in Deutschland Schutz vor politischer Verfolgung suchten; vornehmlich aus den früheren Ostblockstaaten. Insge-

---

[37] Vgl. Wojak 1994: 13 / 56-62 zur Problematik der Quantifizierung der deutsch-jüdischen Emigration nach Chile bzw. Lateinamerika.
[38] Vgl. Kohut 1994: 10 & Senkman 1994: 54 ff.
[39] Vgl. Jackisch 1994: 48 ff.
[40] Vgl. Eisenbürger 1995: 22 ff. & Jackisch 1994: 50.
[41] Vgl. Köchling 1982: 191.
[42] Zur Vergangenheitsbewältigung des Nationalsozialismus vgl. z. B. Theodor Adorno (1975): „Was bedeutet: Aufarbeitung der Vergangenheit", in: ders., *Soziologische Schriften;* Band 10.2, Frankfurt/M; 555-72. Sowie Alexander und Margarete Mitscherlich (1967): *Die Unfähigkeit zu trauern. Grundlagen kollektiven Verhaltens*; 15. Auflage, München 1998. Sowie Christian Schneider (1998): „Schuld als Generationenproblem"; in: *Mittelweg* 36, Jg. 7, Heft 4; 28-40.
[43] Vgl. Decker 1982: 18 f.

samt handelte es sich in dem Zeitraum zwischen 1953 und 1960 nur um rund 26.000 Personen (davon allein über 16.000 im Jahr 1956 aus Ungarn).[44]

Allmählich, mit der einsetzenden wirtschaftlichen Flaute und dem Anstieg der Asylanträge auf 5.000-11.000 pro Jahr, verschärfte sich die Debatte um Zuwanderung, was die Bundesregierung dazu bewog, 1973 einen Anwerbestopp für ausländische ArbeiterInnen auszurufen. In der Folge versuchten viele, die nun nicht mehr mit einem Arbeitsvisum einreisen konnten, es auf dem Wege der Asylantragstellung. Gleichzeitig nahmen auch die Anträge von Flüchtlingen aus der Dritten Welt zu. In diesem Zeitraum begannen, neue Begriffe in der Politik und den Medien zu kursieren: „Asylmißbrauch", „Wirtschaftsflüchtlinge" und „Asylanten".[45] In einer Publikation aus dem Jahre 1977 stellte *Amnesty International*

> „die allgemein verbreitete These von der in den letzten Jahren hereinbrechenden ‚Welle von Wirtschaftsflüchtlingen' in Frage [...]. Erstaunlicherweise verschlechterte sich nämlich die Anerkennungspraxis schon vor dem Beginn dieser ‚Welle'. Auch ist darauf hinzuweisen, daß der sprunghafte Anstieg der Asylanträge von 1973 auf 1974 sehr viele Länder umfaßt. [...] Es drängt sich daher der berechtigte Verdacht auf, dass die Veränderung der Flüchtlingsstruktur für die restriktivere Asylpraxis mitursächlich ist."[46]

Auffällig war, dass die meisten abgelehnten Asylanträge von Menschen aus nicht-kommunistischen Ländern kamen.[47] Die aus kommunistischen Staaten Zuwandernden waren eine lebende Bestätigung für den Antikommunismus, was schon dadurch ersichtlich ist, dass der Status von AussiedlerInnen sich explizit auf MigrantInnen aus dem ‚kommunistischen Herrschaftsgebiet' (sogar auf China) bezog.[48] Zudem war seit dem ‚Zusammenbruch des Ostblocks' die Aufnahme von Flüchtlingen aus den ‚ehemals sozialistischen' Ländern nicht mehr erwünscht. Aber auch in den vorausgegangenen Jahrzehnten war nicht jede/r begeistert über die Zuwanderung so genannter ‚politischer Flüchtlinge', wie der ÜbersiedlerInnen aus der DDR (die als Deutsche

---

[44] Vgl.: Amnesty International 1977b: 24.
[45] Wolken 1987: 160.
[46] Amnesty International 1977b: 9.
[47] Vgl.: ebenda. So wurden z. B. 95 % aller Flüchtlinge aus dem Iran ein solch ‚mißbräuchliches Verhalten' unterstellt (ebenda).
[48] Vgl. Herwartz-E./Westphal 1997: 168.

natürlich keine echten Flüchtlinge im Sinne des Asylrechts waren) — es wurde sogar von einigen Politikern als Strategie der DDR gesehen, den Westen mit vielen Flüchtlingen zu ‚überrennen'.[49] Solche u. ä. Sicherheitsbedenken zogen sich durch die gesamte Geschichte der deutschen Aufnahmepolitik, auch gegenüber ausländischen Arbeitskräften in den 1960ern und 1970ern.[50]

Neben politischen Erwägungen beeinflussten Interessen der Wirtschaft die Zuwanderungssteuerung. Ihr Bedürfnis nach flexibel einsetzbaren Arbeitskräften führte zu einem permanenten Konflikt mit den VertreterInnen des Staates, welcher für die Übernahme anfallender Sozialkosten der ‚Reservearmee' billiger Arbeitskräfte zuständig war.[51]

Die sich daraus ergebenden Probleme führten zu neuen Gesetzen zur Straffung und Verkürzung des Asylverfahrens. Die darin angewandten Methoden zur Aussiebung ‚schwarzer Schafe' waren (und sind) jedoch oftmals unzumutbar für die Betroffenen.[52] In diesem Prozess entstand der Ausdruck ‚Asylant', der die Assoziation von mittellosen, kriminellen AusländerInnen hervorruft.[53]

II.2. Flucht aus Chile

II.2.1. Der Militärputsch vom 11. September 1973

II.2.1.1. Vorgeschichte und Putsch

Der Militärputsch vom 11.09.1973 in Chile war von Teilen des chilenischen Militärs, dem CIA und dem US-amerikanischen Konzern ITT organisiert und durchgeführt. Dies war kein Zufall, denn nach der kubanischen Revolution von 1959 hatte eine neue linke Bewegung in Lateinamerika begonnen, sich zu formieren, welche die Vormachtstellung der USA, deren Wirtschaft von den lateinamerikanischen Rohstoffen abhängig war, gefährdete. Um dem

---

[49] Vgl. Wennemann 1997b: 166.

[50] Vgl. Decker 1982: 40 f.

[51] Vgl. Callovi 1992: 368 zur EU & Bade/Münz 2002b: 17-9 zum aktuellen deutschen Zuwanderungsgesetz.

[52] Weber 1998 hat dazu ein ganzes Buch verfasst, in dem er auf den psychischen Zustand von Flüchtlingen eingeht und mit der vorgefundenen Realität in Deutschland (Lager, strenge Befragungen zu den Fluchtgründen, etc.) vergleicht. Er kommt dabei zu alarmierenden Ergebnissen.

[53] Vgl. Wolken 1987: 160. Ich verwende den Begriff ‚Asylsuchende', nicht ‚Asylbewerber', da man sich nicht um die „Zuerkennung eines Grundrechtes" bewerben kann, „[m]an kann lediglich um die amtliche Anerkennung dieses Rechts ersuchen." (Benzler 1997: 213, Fußnote 2.)

vorzubeugen, ‚beteiligte' sich die US-amerikanische Regierung an der Errichtung von Militärregimes in ganz Lateinamerika.[54] Alle diese Diktaturen zeichneten sich durch eine besonders brutale und unmenschliche Verfolgung ihrer Gegner aus.

Chile konnte im Jahr 1973 schon auf eine 140-jährige parlamentarische Tradition zurückblicken, was mehr war als in vielen europäischen Ländern (v. a. Deutschland).[55] Auch wenn es mehrere Bürgerkriege und Militärregimes gegeben hatte, sahen sich die ChilenInnen generell als sehr friedfertiges und zivilisiertes Volk.[56] So verwundert es nicht, dass ausgerechnet sie versuchten, auf friedlichem Wege, über eine Demokratisierung der Gesellschaft und Kooperation aller Bevölkerungsschichten, zum Sozialismus zu gelangen. Am 04.09.1970 wurde Salvador Allende Gossens mit knapper Mehrheit gewählt. Er war Mitglied der *Partido Socialista*, regierte aber mit einem Bündnis linker Parteien, der *Unidad Popular*. Das Regierungsprogramm umfasste Reformen der Agrarwirtschaft, der Wirtschaft, des sozialen Systems und auch der Bildung. Eines der wichtigsten Vorhaben war die Nationalisierung der reichen Kupfervorkommen. Durch die Ankurbelung der nationalen Wirtschaft sollte die Arbeitslosigkeit bekämpft und die Kaufkraft der Massen gesteigert werden, was sich wiederum belebend auf die Wirtschaft auswirken sollte.[57] Doch es erwies sich als schwierig, einem seit Jahrhunderten vom europäischen (und US-) Imperialismus ausgebeuteten Land auf die eigenen Füße zu helfen, zumal die US-Regierung und einige nordamerikanische Konzerne versuchten, die Wirtschaft zu sabotieren.[58]

Am 11.09.1973 zerstörte chilenisches Militär mit US-amerikanischen Kampffliegern und Waffen hunderttausende Menschenleben und noch mehr

---

[54] Vgl. Bartsch et al. 1974: 67.

[55] 1833 verabschiedete die Regierung unter José-Joaquín Prieto die Verfassung, mit der eine parlamentarische Phase begann, die aber 1925 durch eine neue Verfassung und die Wiedereinführung einer präsidialen Regierung beendet wurde. Bis 1980, als Pinochet eine neue Verfassung ins Leben rief, blieb die von 1925 bestehen, erfuhr aber einige Änderungen. Vgl. dazu Quezada Cabrera 1990: 42 ff. & Meller 2000: 61.

[56] Vgl. Meller 2000: 61. Auch sagten mir das mehrere Interviewpartner. Vgl. Zeitlin 1984 zu den Bürgerkriegen.

[57] José Cademártori, Wirtschaftsminister unter Allende, bei einer Chile-Veranstaltung im Veranstaltungszentrum Pavillon Hannover am 11.09.2003, Mitschrift der Verfasserin (M.H.) & vgl. Bartsch et al. 1973: 14-17 & Meller 2000: 47-60, der das Programm der *Unidad Popular* kritisch, aber genau, analysiert.

[58] Vgl. Heynowski/Scheumann 1974 & Bartsch et al. 1974: 50 ff. & Duve 1973: 179-82.

Hoffnungen. Noch heute können die ChilenInnen nicht nachvollziehen, wie es in diesem friedfertigen Volk zu einer solchen Brutalität und Unmenschlichkeit kommen konnte.[59] Anzeichen für einen Putsch und ein Erstarken der Opposition waren zwar spätestens ab 1972 sichtbar,[60] jedoch war in dem Selbstverständnis der meisten ChilenInnen eine derartige Missachtung der Verfassung und Menschenrechte vorher nicht denkbar gewesen. Sie hatten eine „Behandlung entsprechend des kulturellen Rahmens einer bürgerlichen Gesellschaft" erwartet.[61] So berichtete mir Sara Rodriguez, dass ein Kommilitone von ihr nicht hatte glauben können, dass Contreras, der Chef des chilenischen Geheimdienstes, so brutal sein könne, da er mit ihm in die Schule gegangen sei und er dort immer der Beste gewesen wäre und so ein *guter* Mensch...[62]

Die Militärjunta rechtfertigte ihr brutales Vorgehen damit, dass die ‚Marxisten' das Land heruntergewirtschaftet hätten und sie wollte es „von der Erniedrigung befreien, in die der Kommunismus es führte".[63] Das machte sie auch in dem Gesetzesdekret #1, verkündet am 11.09.1973, deutlich, mit dem sie beabsichtigte, den „Kampf gegen die ‚dogmatische und ausgrenzende, auf ausländische Prinzipien gestützte Ideologie des Marxismus-Leninismus' zu legitimieren".[64] Wer oder was alles ‚marxistisch' war, bestimmte selbstverständlich die Junta.

II.2.1.2. Anhaltende Repression bis zum Ende der Diktatur 1989

Nach dem Putsch in Chile waren nicht nur alle Funktionäre der *Unidad Popular* in Lebensgefahr, sondern auch Journalisten, Bauingenieure, die sich an den Verstaatlichungsprojekten beteiligt hatten, SozialarbeiterInnen, Lehrkräfte und Studierende, und v. a. die Mitglieder der radikaleren linken Parteien, wie des *Movimiento de la Izquierda Revolucionario.* ArbeiterInnen, die sich an den Verteidigungsmaßnahmen gegen die Putschisten beteiligt hatten,

---

[59] Ich möchte darauf verzichten, auf Details der Gewalt einzugehen, verweise daher auf die zahlreichen Publikationen zum Thema: Amnesty International 1977a & Duve 1973 & Bartsch et al. 1974 & Balke et al. 1983 & Stuby/Wulff 1977.

[60] Vgl. Müller-Plantenberg 1999: 78 f.

[61] Issel 1990: 64.

[62] Interview am 18.11.2003. Zu Contreras siehe IV.3.1.1.

[63] Nach Duve 1973: 119.

[64] Holz/Wojak 2000: 172.

indem sie Fabriken besetzten, wurden ebenfalls eingekerkert oder sofort erschossen. Besonders in den ersten Monaten und Jahren der Diktatur waren tausende von Menschen in Gefängnissen und KZs gefangen, Zehntausende zunächst in den Fußballstadien von Santiago und Concepción. Das Militär (bestehend aus Luftwaffe, Armee und Marine) und die bewaffnete Polizei, die *Carabineros*, ermordeten etwa 30.000 Menschen, ca. 2500 ‚verschwanden' und man kann von einer Gesamtzahl von 500.000 Verhaftungen ausgehen, wobei darin auch kurzfristige und wiederholte Festnahmen enthalten sind. Zum Vergleich: bei der Volkszählung von 1970 wurde eine Bevölkerungszahl von 8.884.768 festgestellt.[65] Die Angaben zusammen ergeben, dass etwa jede siebzehnte Person in Chile von Gewalt betroffen war (die Exilierten nicht berücksichtigt), da eine Verhaftung bedeutete, grausamer psychischer und physischer Folter ausgesetzt zu sein.[66] Die Statistiken verdeutlichen, dass es sich nicht um die Liquidierung einer ‚terroristischen Bewegung' einzelner Individuen handelte, sondern um eine breit angelegte Repressionstaktik. Alle Gewerkschaften, Parteien und andere Institutionen, die durch die *Unidad Popular* aufgebaut worden waren, wurden verboten, die Pressefreiheit abgeschafft. Das brutale und menschenverachtende Vorgehen schien den Tätern wohl notwendig, um den zuvor herrschenden Enthusiasmus und die beginnende Umstrukturierung des Staates bzw. der Wirtschaft rückgängig zu machen. Die Militärregierung wollte in Kooperation mit den ‚Chicago Boys', den Wirtschaftsexperten die nach der neoliberalen Ideologie des US-amerikanischen Ökonomen Milton Friedmanns ausgebildet waren, das Land so umkrempeln, dass es hinterher unmöglich sein würde, dort jemals wieder einen Sozialismus aufzubauen.[67] Ein Mittel war die Reprivatisierung der chilenischen Wirtschaft und das Ende des Protektionismus, um günstige Investitionsbedingungen für internationales Großkapital herzustellen. Die Kosten hatte die chilenische Bevölkerung zu tragen.

Der Bruch von einer liberalen, sozialen Gesellschaft hin zu einer terroristischen Diktatur war für die betroffenen ChilenInnen ein großer Schock — v. a.

---

[65] Nach Holz/Wojak 2000: 173.

[66] Vgl. Holz/Wojak 2000: 173, die sich hauptsächlich auf Angaben von *Amnesty International*, der *Vicaría de la Solidaridad*, und der *Comisión Chilena de Derechos Humanos* stützen.

[67] Vgl. Meller 2000: 84. Vgl. zu Folgendem Barrenechea 1984: 181-96 & Meller 2000: 75-152.

für die Generation der Jugendlichen und jungen Erwachsenen, die am Aufbau der *Unidad Popular* und des ‚demokratischen Sozialismus' unmittelbar und mit all ihrer Schaffenskraft beteiligt gewesen waren. Zu der Aufhebung der freien Meinungsäußerung kamen nun die Sorge um das eigene Leben und das der Familie und Freunde sowie die Verschlechterung der allgemeinen Lebensbedingungen (wie Verlust des Einkommens, Preisanstieg, Verschlechterung der Gesundheitsversorgung) hinzu. Die Willkür machte auch vor ‚unpolitischen' Menschen keinen Halt, die zufällig jemanden kannten, der verfolgt wurde. Der Geheimdienst beschattete Freigelassene, um herauszufinden mit wem sie Kontakt aufnehmen würden. Dadurch war jede/r in Gefahr, der/die zufällig mit einem/r Freigelassenen sprach. Diejenigen, die Haft und Folter überlebt hatten, waren so traumatisiert, dass ein normales Leben für sie nicht mehr möglich war.[68] Folter diente nicht nur dazu, das Individuum zu brechen, sondern sollte die gesamte Gesellschaft einschüchtern, wozu insbesondere das Element der Willkür herangezogen wurde.

Aufgrund des Schocks und der sofortigen Ausschaltung der vormals politischen Akteure durch Festnahmen, Morde und auch das Exil, war es in den sechzehn Jahren der Diktatur nicht möglich, einen effektiven breiten Widerstand aufzubauen. Die Junta bemühte sich zwar um einen demokratischen Anschein, was internationalen Organisationen die Möglichkeit gab Druck auszuüben (z. B. entsandte die UNO einen Sonderbotschafter, um die Lage in Chile zu erkunden) — die Menschenrechtslage änderte sich dennoch nicht. Auch blieb der Ausnahmezustand bzw. Notstand (*estado de emergencia*) bis zum Sommer 1988 bestehen, was die Grundrechte, die ja in der Verfassung verankert waren, faktisch außer Kraft setzte.[69]

II.2.2. Wege ins Exil

II.2.2.1. Umfang der Fluchtbewegung

Die Funktionäre der *Unidad Popular* mussten das Land sofort verlassen, sofern sie nicht bereits festgenommen worden waren. Sie wurden sogar durch öffentliche Listen gesucht. Die später Fliehenden hatten größtenteils Haft und Folter erlitten und nach der Freilassung nicht nur ihre Lebensgrund-

---

[68] Vgl. Ulli und Werner Simon in: NDR Info 2003: 2 & Issel 1990: 64-8 auch zu Folgendem.
[69] Vgl. Holz/Wojak 2000: 172 & Quezada Cabrera 1990: 80.

lage, sondern auch ihr soziales Umfeld verloren. Freunde und Verwandte waren tot, im Exil oder im Untergrund, und wenn nicht, so gefährdete sie allein der Umgang mit dem/der Freigelassenen. Viele trauten sich nicht auszureisen, weil sie Repressalien gegen ihre zurückbleibenden Angehörigen befürchteten.[70] Einige Gefangene konnten nach dem *Dekret 504* ihre Haftstrafe in Exilstrafe umwandeln. Das war in Anbetracht der Umstände, die in den Gefängnissen und KZs herrschten, eine gute Alternative, obwohl die Betroffenen, wie die meisten der Flüchtlinge, ihr Land nicht verlassen wollten. Die Mehrheit der Exilierten verstand das Exilieren als einen politischen Akt: „Das Hauptziel der Diktatur war es, die Leute wegzuschicken, um deren Einheit zu zerstören, das erreichte sie ja auch teilweise."[71] Das Exilieren eines großen Teils der Bevölkerung (immerhin 10 %; siehe unten) war nach Ansicht der Betroffenen also ein Teil der Strategie der Diktatur, die sämtliches sozialistisches Gedankengut ausradieren wollte und die Erinnerung an die *Unidad Popular* mit ihm. Pinochet sagte über die im Exil Lebenden, sie seien „schlechte ChilenInnen" und wem es im Land nicht gefalle, der solle sich ihnen anschließen.[72] Auf dieser Grundlage gingen die ChilenInnen davon aus, dass alle politische Flüchtlinge waren, denn selbst die Zusammenführung der Familie war ein politischer Akt.[73]

Die Angaben über die Zahl der Flüchtlinge schwanken erheblich, nämlich zwischen 11.000, wie die chilenische Militärregierung in einer Untersuchung des Jahres 1982 ‚feststellte'; 200.000 bis 1 Million nach dem UNHCR, der aber nur etwa 20-40.000 von ihnen als ‚politische' Flüchtlinge bezeichnete; und der Zahl von 1 Million, die Menschenrechtsorganisationen und linke Parteien, sowie die ExilchilenInnen selbst als realistisch ansahen.[74] Hinzu kamen über 10.000 Flüchtlinge aus anderen lateinamerikanischen Ländern, in denen bereits Militärdiktaturen herrschten, und die in den vorhergegangenen Jahren Zuflucht in Chile gefunden hatten.[75] Die Ursachen für die unterschiedlichen Zahlen liegen in mangelndem Interesse von Forschern, Probleme beim Zugang zu Quellen (die Junta verwehrte den Zugang zu ihren Daten), der Ver-

[70] Vgl. Zolberg et al. 1989: 200.
[71] Miguel Gonzales am 22.09.2003.
[72] Sara Rodriguez am 18.11.2003.
[73] Miguel Gonzales am 22.09.2003.
[74] Vgl. Issel 1995: 107 und Issel 1990: 11-5.
[75] Vgl. z. B.: Holz/Wojak 2000: 174.

teilung der Flüchtlinge auf viele Zielländer und in den politischen Interessen, die mit den Angaben verfolgt wurden.[76] Der vorliegenden Studie liegt die Zahl von 1 Million Flüchtlingen zugrunde, denn sie beinhaltet alle Personen, die als direkte oder indirekte Reaktion auf die Diktatur das Land verließen. Als Beispiel für letzteres wären Angehörige Exilierter zu nennen oder Menschen, die aufgrund ihrer politischen Einstellung oder Partizipation am Projekt der UP ihre Arbeitsstelle verloren und deshalb am Rande der Armutsgrenze lebten.

II.2.2.2. Organisierung der Flucht

In den ersten Tagen nach dem Putsch versuchten die Flüchtenden entweder in Botschaften oder in Nachbarländer (v. a. Argentinien) zu gelangen. Ersteres war ein höchst riskantes Unternehmen, denn das Militär umstellte die Gebäude.

Wichtige Hilfe leistete ein vom lutherischen Bischof Santiagos, Helmut Frenz, und dem katholischen Weihbischof Fernando Ariztia geleitetes ökumenisches Flüchtlingskomitee für die Flüchtlinge aus anderen lateinamerikanischen Ländern.[77] Gleich nach dem Putsch richteten sie Meldebüros und Heime zur übergangsweisen Unterbringung für die ausländischen Flüchtlinge ein; bis Anfang Dezember 1973 meldeten sich dort etwa 1.880 Menschen.[78] Aufgrund der Menschenrechtsverletzungen entschieden sie sich zur Erweiterung ihrer Arbeit und nannten es in „Friedenskomitee“ (*Comité pro Paz*) um.[79] Ende 1975 erteilte die MIlitärregierung Bischof Frenz Einreiseverbot nach Chile (er war kurzzeitig im Ausland gewesen) und verbot das *Comité pro Paz.* Daraufhin gründete der katholische Kardinal von Santiago die *Vicaría de la Solidaridad*, eine ökumenische Einrichtung, der viele Menschen ihr Leben verdanken. Durch die Vicaría bestand Kontakt zu *Amnesty International*, das sich um die Aufnahme von politischen Gefangenen und Flüchtlingen kümmerte. Sie war die einzige legale Institution in Chile, die öffentlich die Militärregierung anprangern bzw. Flüchtlingsarbeit leisten konnte.

---

[76] Vgl. Zolberg et al. 1989: 200.
[77] Vgl. Balke et al. 1983: 68.
[78] *Frankfurter Rundschau* vom 05.12.1973.
[79] Vgl. Balke et al. 1983: 68 / 124 zu Folgendem.

Auf internationaler Ebene agierte neben *Amnesty International* und dem UNHCR, der ein Hilfsprogramm in Bewegung setzte, auch das ICM (*Intergovernmental Comittee for Migration*), das nach eigenen Angaben vom Oktober 1973 bis 1985 ca. 21.000 Menschen zur Flucht in über 40 verschiedene Länder verhalf. Dabei handelte es sich überwiegend um politische Häftlinge, die ihre Strafe in Exil umwandeln konnten.[80] Die großen Parteien, die *Partido Socialista* und *Partido Comunista*, konnten auch ihre Verbindungen zu den jeweiligen ‚Schwesterorganisationen' in aller Welt nutzen (siehe II.2.2.4.). Einige Länder, wie Schweden und Großbritannien, initiierten spezielle Hilfsprogramme für chilenische Flüchtlinge.[81]

Die verschiedenen ‚Fluchthelfer' entwickelten Taktiken, um die Gesuchten in die vom chilenischen Militär bewachten Botschaften hineinzuschmuggeln. So berichtet Helmut Frenz, wie er mit einem orangefarbenem VW-Bus vor die deutsche Botschaft fuhr, und die Aufmerksamkeit der Soldaten auf sich zog, während die eigentlichen Flüchtenden (Familie Simon) zum Hintereingang hineingingen.[82] Die verbotenen und verfolgten Parteien u. a. Organisationen bildeten ebenfalls Untergrundgruppen, die sich speziell um Fluchthilfe kümmerten.[83] Unter Lebensgefahr planten sie Wege, wie sie Fliehende in Botschaften hineinschmuggeln, oder in Kontakt zur Vicaría bringen konnten. Beispielsweise verkleideten sich Flüchtende als Ärzte, um an den Wachmannschaften vorbeizugelangen, oder Helfer lenkten die Soldaten auf andere Art ab.[84]

Einmal in die Botschaft gelangt, stellten sich vielfach neue Probleme, denn es herrschte zum einen akuter Platzmangel in den Gebäuden und die Junta sagte freies Geleit zunächst nur für diejenigen zu, für die bis zum 31.12. Ausreiseanträge der aufnehmenden Staaten gestellt worden waren.[85] Letztendlich gab es generell freies Geleit. Das *Intergovernmental Comittee for European Migration* (ICEM) kümmerte sich offiziell um die Organisation der Aus-

---

[80] Nach Issel 1990: 13, die sich auf die chilenische Tageszeitung *El Mercurio* vom 05.05.1979 beruft.
[81] Vgl. Zolberg et al. 1989: 200.
[82] Helmut Frenz in: NDR Info 2003: 13 f.
[83] Ana García am 10.10.2003.
[84] Miguel Gonzales am 22.09.2003 & NDR Info 2003: 13 f.
[85] *Frankfurter Rundschau* vom 12.12.1973.

reise, v. a. was den Flug betraf. Seine MitarbeiterInnen fragten aber auch in Haftanstalten nach Ausreisewilligen.

II.2.2.3. Rolle der deutschen Botschaft

Es dauerte einen Monat, bis die deutsche Botschaft in Santiago von ihrem Recht auf Asylgewährung Gebrauch machte. Helmut Frenz, der Gründer des chilenischen Flüchtlingskomitees, schrieb einen Brief an Willi Brandt, in dem er die Situation in Santiago schilderte, und darauf hinwies, dass die deutsche Botschaft verschlossen war, während viele andere voll mit Flüchtlingen waren.[86] Daraufhin schickte die Bundesregierung einen Sonderbotschafter, Herrn Schödel, der dem Botschafter Anfang Dezember[87] anordnete, alle aufzunehmen, die ihm Helmut Frenz zuschickte. Von da an bestand nur noch die Schwierigkeit, die Flüchtlinge in die vom Militär bewachte Botschaft bzw. Residenz des Botschafters hineinzuschmuggeln. Mitte Dezember waren es 137 Personen.[88] Ende 1973 ersetzte die Bundesregierung unter Willi Brandt auch den Generalkonsul, da er „allzu offen mit Pinochet sympathisiert[e] anstatt sich für die gefangenen deutschen Staatsbürger einzusetzen",[89] geschweige denn für ChilenInnen. Der deutsche Botschafter, Karl Lübbe-Neurath, wurde von den chilenischen Flüchtlingen kritisiert, da er z. B. einigen ChilenInnen damit gedroht haben sollte, dass sie kein Asyl in der BRD bekommen würden.[90]

Eine gänzlich andere Darstellung der Ereignisse gab mir Jürgen Eckl.[91] Der deutsche Botschafter habe nämlich bereits am 11.09. mit der Aufnahme von Flüchtlingen begonnen, nur habe man das geheim gehalten, da man Anschläge von Seiten des chilenischen Militärs befürchtete. Außerdem sei der Botschafter, Lahn, sehr mit der *Unidad Popular* verbunden gewesen, weshalb die Bundesregierung ihn schnell nach dem Putsch durch einen konservativen

---

[86] Vgl. auch zu Folgendem Helmut Frenz in: NDR Info 2003: 13.

[87] *Frankfurter Rundschau* vom 01.12.1973.

[88] Angabe des Parlamentarischen Staatssekretärs im Bundesinnenministerium, Gerhart R. Baum in: *Frankfurter Rundschau* vom 19.12.1973.

[89] NDR Info 2003: 9.

[90] Vgl. auch zu Folgendem Balke et al. 1983: 82.

[91] Interview am 13.01.2004. Mir fehlen leider vergleichende Unterlagen, da es sich um interne Informationen handelt, über die Herr Eckl in seiner Funktion als ehemaliger Sozialreferent an der deutschen Botschaft in Chile (in den 1990ern) verfügt, so dass ich diese Version nicht überprüfen kann.

Botschafter, Lübbe-Neurath, ersetzt habe. Dies sollte dazu dienen, mit der Junta verhandlungsfähig zu sein, die einen rechtsgerichteten Botschafter e-her annehmen würde.

II.2.2.4. Fluchtziele

Die meisten Flüchtlinge schlugen sich nach Argentinien durch, wo sie sich nach dem dortigen Militärputsch vom 24.03.1976 erneut verfolgt sahen. Als die politischen Morde und das ‚Verschwinden' von Personen zunahmen, flohen viele ChilenInnen in andere Länder weiter, eine Familie auch nach Hannover:

> „Ich bin die letzten zwei Wochen nicht rausgegangen mit den Kindern, aus der Wohnung. [...] Und als wir die Tickets bekamen, hat man die Stunde gesagt, bis man raus konnte. [...] aber allein, Freunde von uns sind nicht mit. Falls man uns verhaftet hätte, dann wollten wir keine, die auch noch mit... Mit einem ganz normalen Bus sind wir zum Flughafen."[92]

Es flohen auch viele nach Cuba (von denen einige dann im Guerillakampf ausgebildet wurden, um heimlich zurück nach Chile zu gehen und dort den Widerstand gegen die Junta mit Waffen zu führen), nach Mexiko und Kanada. Auch die Sowjetunion nahm einige Flüchtlinge auf, sowie die DDR u. a. ‚sozialistische' Staaten, wie Ungarn und Rumänien. Chile hatte mit einigen von diesen Ländern, v. a. mit der Sowjetunion und der DDR vorher bereits gute (auch wirtschaftliche) Beziehungen gehabt. Honeckers Tochter war mit dem Vorsitzenden der *Partido Socialista*, Carlos Altamirano, verheiratet. Auch nach Westeuropa kamen viele Flüchtlinge – nach Spanien bevorzugt wegen der Sprache, aber auch nach Frankreich, Skandinavien, Großbritannnien und in die BRD. Die Mehrheit dieser Menschen kam aus der Mittelschicht, insbesondere jene, die nach der lateinamerikanischen Tradition der Botschaftsflucht gleich zu Anfang in die Botschaften flohen und nach Europa gelangten.[93] ArbeiterInnen u. ä. flohen eher in Nachbarländer, die einfacher und billiger erreichbar waren.[94] Die Entscheidungen fielen oftmals aus der Situation heraus, nach den gegebenen Möglichkeiten, wobei sie durch das Vorhan-

---

[92] Isabel Montes am 22.12.2003. Abschrift der Tonbandaufnahme.
[93] Vgl. Zolberg et al. 1989: 200.
[94] Vgl. Breuninger 1988: 158.

densein von Migrationsnetzwerken innerhalb Lateinamerikas und nach Europa erleichtert wurden.[95] Die Mehrheit der Flüchtlinge konnte sich ihr Zielland allerdings nicht aussuchen, es kam darauf an, welche Botschaft gerade erreicht werden konnte und welches Land sie aufnehmen würde. Der deutschstämmige Chilene Ulli Simon schildert seine eigene Erfahrung so:

> „Dann [nachdem die Familie in die deutsche Botschaft gelangt war — M.H.] haben wir unsere Pässe bekommen und dann war das klar, dass wir nach Deutschland gehen. Ja, dann mussten wir das so hinnehmen. Das war ein Knack. Heute würde ich sagen, ich wäre lieber nach Südchile gegangen, irgendwo, wie auch viele gemacht haben. In äußersten Süden Chiles oder in Norden, und wäre ich da geblieben. Dann wäre z. B. mein Opa in Quijota nicht alleine gestorben. Und die Familie wäre vielleicht nicht auseinander gegangen. [...] vielleicht wäre nicht so dramatisch und teilweise irreparabel wie jetzt so ist."[96]

Einige erwägten das Exil erst als letzten Schritt, wie die Gefangenen, die nach dem *Dekret 504* aus dem Jahr 1975 ihre Haftzeit in Exil umwandeln konnten. Auch sie konnten nicht frei wählen, wohin sie gehen würden, da sie abhängig von der Aufnahmebereitschaft der jeweiligen Länder waren. Einem Schreiben des Auswärtigen Amtes entnehme ich jedoch, dass sich manche Häftlinge für mehrere Länder „bewarben" und sich im Fall mehrerer Zusagen für eines entschieden.[97]

II.3. Die Aufnahmepolitik der BRD

II.3.1. Reaktionen auf den Putsch

Die Bestialität und Willkür der Gewaltherrschaft des Militärs sorgte in aller Welt für Wut und Empörung. Der Rechtfertigung des Terrors der Junta, die sich laut FAZ „[i]m Augenblick der höchsten Gefahr [...] ihrer Verantwortung nicht mehr länger entziehen" konnte,[98] stand die Aufklärungsarbeit von demokratischen bis sozialistischen Medien, Organisationen oder Parteien und den Flüchtlingen selber entgegen.

---

[95] Vgl. Zolberg et al. 1989: 201.
[96] Nach NDR Info 2003: 14.
[97] Auswärtiges Amt 301-544.80/10 CHL vom 15.04.1976 aus: Archiv I, Ordner *Unterlagen Chile-Komitee Hannover.*
[98] *Frankfurter Allgemeine Zeitung* vom 12.09.1973; nach Bartsch et al. 1974: 95.

Auch die Bundesregierung, die sozialliberale Koalition unter Willi Brandt, reagierte betroffen: „Die Bundesregierung ist tief darüber bestürzt, dass die verfassungsmäßige Regierung in Chile durch einen Militärputsch gestürzt worden ist.“[99] Sie lehnte es dennoch ab, über die zukünftigen Beziehungen (auch in Bezug auf Entwicklungshilfe) zur Junta zu entscheiden, bis mehr darüber bekannt würde.[100] Deutlicher drückte sich zunächst das Vorstandsmitglied der SPD, Hans-Jürgen Wischnewski, in einer Pressemitteilung am 12.09.1973 aus:

> „Der Sturz einer rechtsstaatlichen Regierung und eines vom Volk gewählten Staatsoberhauptes muss Demokraten mit Sorge erfüllen, die als Freunde Chiles in der Entwicklung der letzten Jahre die Möglichkeit sahen, dass soziale Transformationen in einem rechtsstaatlichen und demokratischen Rahmen auf dem lateinamerikanischen Kontinent möglich sind. Die SPD erwartet, dass diejenigen, die zur Zeit die Macht in Chile ausüben, möglichst schnell ein erneutes Funktionieren der parlamentarischen und demokratischen Institutionen des Landes erlauben. Jeder Zweifel daran würde Belastungen des traditionell freundschaftlichen Verhältnisses zwischen dem chilenischen und dem deutschen Volk nicht ausschließen.“[101]

Seine Bedenken wurden jedoch kurze Zeit später durch einen Besuch in Chile (im Auftrag des SPD-Vorstands) zerstreut, nun sprach er sich gegen einen Abbruch der diplomatischen Beziehungen zur Junta aus, da diese ihm versichert hatte, die Demokratie wieder einführen zu wollen.[102]

Gemäßigte bis extreme rechte Kreise waren besonders zufrieden mit der Zerschlagung des sozialistischen Modells in Chile. Sie gaben Allende die Schuld an der Gewalt, der das Land an den Rand des Ruins und eines Bürgerkriegs geführt hätte.[103] Besonders Franz Joseph Strauß zeigte sich sehr angetan von dem Putsch und behauptete, die „Marxisten“ hätten das Land in den Ruin getrieben, und das Militär wolle nur wieder Recht und Ordnung herstellen, was nun einmal „unfeine[r] Methoden“ bedürfe.[104] Die Auseinander-

---

[99] Nach *Frankfurter Rundschau* vom 12.09.1973.
[100] Vgl. *Frankfurter Rundschau* vom 15.09.1973.
[101] Nach Walther 1973: 47.
[102] Pressemitteilung vom 30.09.1973, nach Walther 1973: 47.
[103] Vgl. *Frankfurter Rundschau* vom 18.09.1973.
[104] Franz Josef Strauss, nach Helmut Frenz in: *Der Gewerkschafter* #9, 1987: 10.

setzung mit der Opposition förderte die Gespaltenheit der SPD-Regierung bezüglich der Aufnahme chilenischer Flüchtlinge.

Die öffentliche Berichterstattung war mehrheitlich gegen die Gewalt, auch wenn einige Zeitungen/Berichterstatter, sich bemühten, möglichst keine allzu große Sympathie für Allende zu bezeugen, indem sie die Junta zu sehr kritisierten.[105] Konservative Blätter wie die FAZ sprachen sogar ihre Sympathie für die Junta aus (s. o.).

Linke Parteien und die Gewerkschaften äußerten ihre Bestürzung und organisierten Demonstrationen und Chile-Informationsveranstaltungen. Ein Teil der deutschen Linken hatte kein sehr großes Interesse für Chile gehabt, da sie die *Unidad Popular* als ‚reformistisch' eingestuft hatte, aber ein anderer Teil, hauptsächlich Intellektuelle und Sozialdemokraten, die sich dem ‚chilenischen Weg' als nahe stehend empfanden, hatte die Geschehnisse mit Sympathie verfolgt.[106] Dies waren Menschen, die sich auch nach dem Putsch besonders engagierten, so z. B. fast alle meiner deutschen InterviewpartnerInnen.

Bereits am Abend des 11.09.1973 gingen mehrere tausend Menschen in Frankfurt, Hamburg, Berlin u. a. Städten auf die Straße. Sie solidarisierten sich mit dem unterdrückten chilenischen Volk oder waren einfach empört über die Brutalität des Militärs. In den folgenden Wochen und Monaten, als immer mehr grausame Nachrichten aus dem Andenstaat eintrafen (z. B. veröffentlichte die *Frankfurter Rundschau* viele Artikel), kamen immer mehr Menschen hinzu, selbst solche, die sich vorher nicht aktiv an Protesten beteiligt hatten. Sie forderten die Regierung auf, jegliche wirtschaftliche Hilfen an Chile zu streichen und eine unbegrenzte Anzahl von Flüchtlingen aufzunehmen.[107] Willi Brandt erklärte zwar seine Bereitschaft dazu, hielt sein Wort aber nicht. Im Gegenteil war es ein Kampf um jede/n ChilenIn, den die Solidaritätsbewegung gegen die Sicherheitsbedenken eines Teils der Regierung und der (rechten) Opposition durchsetzen musste.[108] Hierzu war es von großer Bedeutung, dass am 23.11.1973 acht Bundestagsmitglieder der SPD die *Chile-Hilfe für politisch Verfolgte e.V.* ins Leben riefen, die mit viel Einfluss auf

[105] Vgl. Duve 1973: 142 ff. & Bartsch et al. 1974: 95.
[106] Vgl. Balsen/Rössel 1986: 310 f. & Müller-Plantenberg 1999: 74 f.
[107] Vgl. Brief der Chile-Komitees an Willi Brandt in Balsen/Rössel 1986: 329 f.
[108] Miguel Gonzales am 22.09.2003 & Martin Ostermann am 24.11.2003.

die Politik eingreifen konnte, um „möglichst viele politisch Verfolgte aus Chile herauszupauken".[109] Für die Aufnahme der Flüchtlinge war es sicherlich von Bedeutung, dass sich ein großer Teil der deutschen und der internationalen Öffentlichkeit auf die Seite der Verfolgten stellte.

II.3.2. Kontroverse um die Aufnahme von ChilenInnen

Die Bundesregierung formulierte öffentlich ihre Bereitschaft zur Aufnahme von ChilenInnen, in der Praxis wurde diese jedoch nicht reibungslos und den Umständen in Chile entsprechend schnell abgewickelt. Dabei sprachen die Umstände für eine unproblematische Aufnahme:

Erstens war es international anerkannt, dass es sich um eine Diktatur in Chile handelte, welche die Menschenrechte massiv verletzte. Die UNO befasste sich seit Februar 1974 mit den Menschenrechtsverletzungen in Chile.[110] Ihre Aktivitäten beinhalteten neben der Verteilung von Flüchtlingskontingenten auf die Mitgliedsstaaten (gesetz dem Fall, dass diese sich bereit erklärten), die „Errichtung eines Treuhandfonds zur Unterstützung der Opfer der Menschenrechtsverletzungen", die Einrichtung einer Arbeitsgruppe (1975), die Entsendung einer Sonderkommission nach Chile (ab 1979) und die Verabschiedung einer Resolution, die an die Junta appellierte, Menschenrechte und Demokratie wiederherzustellen.[111] Auch ihre Organe ILO und UNESCO behandelten den Fall Chile kurz nach dem Putsch. Bis zum 30. 07. 1975 brachte der UNHCR rund 8.500 ChilenInnen im Ausland unter.[112] Da die UNO zur Aufnahme von Flüchtlingen aufrief, konnte die BRD sich nicht verweigern, da sie sich auf internationaler Ebene erst noch ein Ansehen erarbeiten musste: Deutschland, zunächst als Feindstaat deklariert, wurde erst 1973 in die UNO aufgenommen und ab Ende der 1960er Jahre begann eine „Abkehr" von den „Praktiken des kalten Krieges".[113]

Zweitens spielte die Konkurrenz zur DDR, die zur gleichen Zeit in die UNO aufgenommen wurde, eine Rolle. Die DDR reagierte bezüglich der Aufnahme

---

[109] *Frankfurter Rundschau* vom 15.12.1973 & vgl. Barrenechea 1984: 243.
[110] Vgl. auch zu Folgendem Quezada Cabrera 1990: 234 f.
[111] Ebenda 234. Übrigens befasste sich die UNO auch mit den Verstößen der Verfassung von 1980 gegen die Menschenrechte (ebenda).
[112] Quezada Cabrera 1990: 156.
[113] Barrenechea 1984: 146.

von Flüchtlingen schneller, sie erfolgte ‚von oben', also durch den Staat.[114] Dieser gewährte in erster Linie den Mitgliedern der *Partido Comunista* Asyl, die als Schwesterorganisation der SED galt. In der BRD sympathisierte die regierende SPD mit den ‚gemäßigteren' Teilen der *Unidad Popular* — die *Partido Radical* war ebenso wie die SPD in der *Sozialistischen Internationale*. Es kamen aber Mitglieder verschiedener chilenischer Parteien, da die Solidarität zu einem großen Teil ‚von unten' erfolgte, so dass ein breiteres Interessenspektrum aktiv wurde. Dieses setzte sich parallel zur Regierung für die Aufnahme von ChilenInnen ein. Sie organisierte alles, von der Finanzierung der Flucht bis zur Betreuung der Exilierten vor Ort, aus eigenen Kräften. Auch übte die Solidaritätsbewegung Druck auf die deutsche Regierung und ihre Aufnahmepolitik aus.[115] Ein Hinweis darauf ist ein Brief des Bundesinnenministers an *Amnesty International*, in welchem er die Organisation aufforderte, keinerlei Einreise parallel zum Staat zu organisieren, sonst wäre „eine restriktivere Praxis der Bundesländer [...] nicht ausgeschlossen".[116]

Besonders hemmend auf die freie Aufnahme von ChilenInnen in der BRD wirkte der Antikommunismus, welcher sich in den Argumenten der CDU-Politiker bei den damaligen Bundestagsdebatten deutlich zeigte (siehe II.3.3.2.). Die Regierung versuchte, allen Ansprüchen gerecht zu werden, was sich z. B. in einem Auseinandergehen der Meinungen innerhalb der SPD, genauer zwischen Regierung und Partei niederschlug.[117] Eine Auswirkung dieser wackligen politischen Macht der Bundesregierung war die Weigerung einiger Bundesländer, ChilenInnen aufzunehmen.

Teilen deutscher Unternehmer ging es um die Teilhabe an der Ausbeutung der großen chilenischen Kupfervorkommen, und somit um gute Beziehungen zur Junta. Der internationale Wettstreit um die Vorherrschaft im lateinamerikanischen Raum bestimmte die Entscheidungen der einzelnen Staaten. Als Beweis dafür kann gesehen werden, dass Länder, die weniger involviert waren, wie Schweden und Dänemark, mehr Flüchtlinge aufnahmen und schneller reagierten als Deutschland. Durch die Bemühungen der Bun-

[114] Vgl. Maurin 2003: 814 ff., der die Behandlung der ChilenInnen in der DDR sehr kritisch darstellt & Interview mit Omar Saavedra Santis in: Eisenbürger 1995: 163-74, der es positiver sieht.
[115] Vgl. Barrenechea 1984: 22 & Balsen/Rössel 1986: 346.
[116] Amnesty International 1977b: 218.
[117] Vgl. Barrenechea 1984: 228.

desregierung hatte die deutsche Wirtschaft auch keine Handelseinbußen im Verkehr mit Chile zu verzeichnen — ganz im Gegenteil intensivierte sie die Beziehungen.[118] Ihren Einfluss auf die politischen Entscheidungen übte sie z. B. über das Auswärtige Amt, den *Deutsch-Chilenischen Freundeskreis* (der sogar eine Spendenaktion für die Junta initiierte) u. a. Kontakte und Vereine, aus, die mit der deutschen Kolonie in Chile kooperierten.[119]

II.3.3. Aufnahmepraxis

II.3.3.1. Umfang

Als Reaktion auf den Putsch und die massenhafte Flucht in Botschaften oder Sammellager rief der UNHCR die Mitgliedsstaaten dazu auf, chilenische Flüchtlinge aufzunehmen. Die sozialliberale Regierung unter Willi Brandt sagte die Aufnahme von 2.500 ChilenInnen zu, nachdem am 19.10.1973 zum ersten Mal im Bundestag über eine mögliche Aufnahme von ChilenInnen diskutiert worden war.[120] Das Bundesinnenministerium teilte 1977 mit, dass sich 2.400 chilenische Kontingentflüchtlinge in der BRD aufhielten.[121] Anderen Angaben zufolge waren bis zum März 1981 jedoch lediglich 1.283 Plätze verteilt.[122] Nach Angaben einer aus internationalen Organisationen bestehenden Initiative waren 1987 nur 2.158 Plätze besetzt.[123] 1989 waren es noch 1.456.[124] Die Zahlen stimmen darin überein, dass das Kontingent nicht ausgeschöpft wurde, obwohl Bedarf bestanden hätte, denn es saßen viele Menschen in Chile im Gefängnis und hofften auf eine Ausreiseerlaubnis, um den unmenschlichen Bedingungen dort zu entgehen. Ein Teil des Kontingentes trat die BRD sogar noch an Argentinier ab, die ab 1976 vor der Militärdiktatur dort flohen, und auch das wurde nicht ausgeschöpft (67 von 400 Plätzen wurden in Anspruch genommen).[125] Voranstehenden Fakten nach handelte

---

[118] Vgl. Barrenechea 1984: 255-74.

[119] Vgl. Barrenechea 1984 201 ff., der auch herausstellt, dass die wirtschaftlichen Beziehungen auf hohem Niveau weiterhin bestanden, und dass die deutsche Wirtschaft teilweise abhängig war von den chilenischen Produkten.

[120] Vgl. Klausmeier 1984: 28, die sich auf die stenographischen Sitzungsprotokolle des Bundestages beruft.

[121] Vgl. *Entwicklungspolitische Korrespondenz* #3 1977: 11; nach Issel 1995: 109.

[122] Vgl. Klausmeier 1984: 26.

[123] Medico International et al. 1987: 6.

[124] Bundesinnenministerium VII 4-936040 II vom 19. 12. 1989; nach Issel 1995: 109.

[125] Vgl. Klausmeier 1984: 26.

es sich bei lateinamerikanischen Flüchtlingen um in der BRD unerwünschte Personen. Die endgültige Zahl aller chilenischen Flüchtlinge, auch derjenigen, die nicht über das Kontingent einreisten, ist allerdings im Nachhinein unmöglich zu bestimmen, da die verschiedenen Stellen unterschiedliche Zahlen angeben und nicht alle ChilenInnen Asylanträge stellten: Manche kamen im Zuge der Familien-zusammenführung, andere reisten erst einmal als Touristen ein und bemühten sich dann um einen Studienplatz, wodurch sie eine Aufenthaltserlaubnis erhielten.[126] Es ist von insgesamt etwa 4.000 politischen Flüchtlingen in der BRD auszugehen, was im westeuro-päischen Vergleich niedrig ausfällt: 1984 lebten in Frankreich 15.000 Chile-Flüchtlinge, in Italien 12.000 und in Schweden 9.176.[127]

II.3.3.2. Prozedur

Die Gründe für die Nicht-Ausschöpfung des Kontingentes lagen in den „Sicherheitsbedenken" der CDU/CSU- Fraktion im Bundestag gegenüber den ChilenInnen. Da durch den Putsch eine sozialistische Regierung gestürzt worden war, gingen die Gegner der Aufnahme davon aus, dass es sich um „Berufsrevolutionäre" handeln müsse, welche die innere Sicherheit der BRD gefährden würden.[128] So stellte sich in der Bundestagsdebatte am 29.11.1973 heraus, dass ein Mann vom Verfassungsschutz in Chile aktiv war, wo er Einreisewillige auf ihre politische Gesinnung überprüfte.[129] In derselben Sitzung gab die Bundesregierung bekannt, dass auch Nicht-ChilenInnen in der deutschen Botschaft aufgenommen werden würden, sowie dass es weder eine Begrenzung der Aufnahme, noch eine politische Auswahl geben würde.[130] Diese widersprüchlichen Aussagen sind, wie bereits oben ausgeführt, auf die Auseinandersetzung zwischen der SPD und der CDU (bzw. dem Gesellschaftsmodell, dem die BRD folgen sollte) zurückzuführen, aber auch auf

---

[126] Das organisierte die Solidaritätsbewegung. Vgl. Issel 1995: 109 & Brief vom Bundesminister des Inneren an *Amnesty International* am 10.05.1976 in: Amnesty International 1977b: 217 f.

[127] Vgl. Issel 1995: 109, die sich auf die chilenische Tageszeitung *El Día* vom 20.08.1984 beruft.

[128] BT. Sten. Prot. 7. WP, 67. Sitzung, 29.11.1973: 3949 f.; nach Klausmeier 1984: 28.

[129] Vgl. ebenda & Medico International et al. 1987: 6.

[130] Vgl. Barrenechea 1984: 243.

die Einwirkung der internationalen Staatengemeinschaft, der Deutschland unbedingt angehören wollte.

Die Sicherheitsprozedur bestand aus „einer Sicherheitsüberprüfung im Auftrag des BMI, einer Meldung der Untersuchungsergebnisse in die BRD und einer Sicherheitsüberprüfung im Auftrag der Länder“, und verzögerte die Einreise der Flüchtlinge.[131] Die SPD-Fraktion forderte mehrmals, sie abzukürzen.[132] So hatte die Untersuchungskommission Ende November 1973 (also zweieinhalb Monate nach dem Putsch) eine Liste von etwa 170 ChilenInnen erstellt, die in die BRD einreisen wollten, nach Angaben von *Amnesty International* bewarben sich jedoch 300 Menschen um die Einreise. So viele hatte sich allein das Bundesland Hessen aufzunehmen bereit erklärt.[133] Die Flüchtlinge selbst bezeichneten das Untersuchungsverfahren als „beschämend“, wie der Generalsekretär der deutschen Sektion von *Amnesty International*, Elmar Müller, mitteilte.[134] Die CDU/CSU-Fraktion bestand weiterhin auf der Überprüfung der ChilenInnen, mit dem Hinweis auf die innere Sicherheit. Einige ihrer Vertreter bezeichneten die ChilenInnen als „revolutionäre Gewalttäter“[135], oder gar „Sabotage- und Sprengstoffspezialisten“.[136] Derlei Äußerungen lassen auf ideologische Vorurteile gegenüber Menschen aus sozialistischen Parteien bzw. Ländern schließen. Im Gegensatz dazu steht die bedenken- und überprüfungslose Aufnahme von Indochinaflüchtlingen, die Anfang 1979 vor einer ‚kommunistischen' Regierung flohen.[137] (Das Überprüfungsverfahren wurde bis 1987 nur noch für Argentinier, aber für keine anderen Flüchtlinge angewandt.[138]) Doch trotz der Opposition der CDU/CSU erklärte Willi Brandt Anfang Dezember 1973 gegenüber Vertretern von *Amnesty International*, es werde keine Begrenzung der Aufnahme von ChilenInnen in die BRD geben und die erschwerten Einreisebedingungen würden gelockert

[131] Klausmeier 1984: 29.
[132] Vgl. stenographische Sitzungsprotokolle des Bundestages vom 06., 12., 13.12.1973 und 17.01.1974, nach Klausmeier 1984: 29.
[133] Vgl. *Frankfurter Rundschau* vom 27.11.1973.
[134] *Frankfurter Rundschau* vom 27.11.1973.
[135] Kunz (CDU), BT. Sten. Prot. 7. WP, 87. Sitzung, 20.03.1974. S. 5718; nach Klausmeier 1984: 29.
[136] Wawrzik (CDU), BT. Sten. Prot. 7. WP, 82. Sitzung, 21.02.1974. S. 5409; nach Klausmeier 1984: 29.
[137] Vgl. Klausmeier 1984: 30.
[138] Vgl.: Medico International et al. 1987: 6.

werden.[139] Einige Tage später beschwerte sich Helmut Frenz aus Chile, dass durch die Verhöre die Bereitschaft der ChilenInnen, in die BRD einzureisen, gesunken sei; dabei warteten noch immer rund 13.000 ChilenInnen und 1.700 Flüchtlinge aus anderen lateinamerikanischen Ländern in Lagern auf eine Ausreise.[140] Die Verhöre hätten die Befragten verunsichert, nicht zuletzt, weil sie Angst hatten, dass es sich um ein Manöver des chilenischen Geheimdienstes handeln könnte. Demgegenüber teilte der Parlamentarische Staatssekretär im Bundesinnenministerium, Gerhart Baum, am 18.12.1973 mit, dass sich bis zu diesem Datum 358 Erwachsene und 214 Kinder, etwa die Hälfte Nicht-ChilenInnen, in der deutschen Botschaft in Santiago für die Einreise beworben hatten.[141] Es sei für jede/n eine Ausreisebewilligung *(salvoconducto)* beantragt worden, lediglich die Junta ließe sich Zeit mit der Bewilligung derselben. Doch seien bereits 132 Flüchtlinge in der BRD eingetroffen. Zum Vergleich muss gesagt werden, dass der schwedische Botschafter Harald Edelstam Mitte Dezember 1973 bereits von 15.000 Ermordeten, 35.000 Gefangenen und 7.000 Deportierten sprach.[142]

Die Problematik der Aufnahme bestand über die ganzen Jahre des chilenischen Exils. So kam 1986 erneut die Forderung nach unbegrenzter Aufnahme auf, da immer noch, und wieder, Menschen inhaftiert und konkret von der Todesstrafe bedroht waren. In diesem Fall spielte auch eine Rolle, dass ja das Kontingent nicht ausgeschöpft war. Am 10.09.1986 lehnte der Bundestag einen Antrag ab, der eine erneute Öffnung der deutschen Botschaft für chilenische Flüchtlinge gefordert hatte.[143] Da in Chile eine Welle der Repression wütete, die ein (misslungenes) Attentat auf Pinochet sanktionieren sollte, befanden sich wieder viele Menschen in akuter Gefahr. Darunter fünfzehn Gefangene, die direkt von der Todesstrafe bedroht waren, aufgrund von Aussagen, zu denen man sie unter der Folter gezwungen hatte. Einige von ihnen saßen bereits seit Ende 1984 im Gefängnis. Doch die CDU, die inzwischen regierte, lehnte eine Aufnahme der Inhaftierten ab, da es sich in ihren Augen um Verbrecher mit einem „ganz gravierenden kriminellen Charakter" handel-

[139] Vgl. *Frankfurter Rundschau* vom 04.12.1973.
[140] Vgl. *Frankfurter Rundschau* vom 27.11.1973 & vom 14.12.1973 zu Folgendem.
[141] Vgl. auch zu Folgendem *Frankfurter Rundschau* vom 19.12.1973.
[142] Nach *Frankfurter Rundschau* vom 15.12.1973.
[143] Vgl. Rojas Hernández 1986, Manuskript einer Rede in Salzgitter anlässlich des Jahrestages des Putsches; Archiv I, Ordner *DGB-Arbeitskreis (Arbeitspapiere).*

te.[144] Schließlich seien sie im Gefängnis. Letztendlich warteten die fünfzehn ChilenInnen über zwei Jahre auf Hilfe, bevor sie in anderen europäischen Ländern aufgenommen wurden. Die internationale Kampagne, die für sie gestartet wurde, hatte zumindest die Ausführung des Todesurteils verhindern können.

II.4. Die Aufnahme von ChilenInnen in Hannover

II.4.1. Beschluss der Stadtverwaltung und erste Vorbereitungen

In Hannover gab es bereits vor der Ankündigung der Bundesregierung, Flüchtlinge aufzunehmen, Anstrengungen, dies von lokaler Ebene aus zu organisieren. Der Generalsekretär von *Amnesty International*, Sektion Deutschland, schrieb am 22.10.1973 einen Brief an Oberbürgermeister Herbert Schmalstieg mit der Bitte um baldige Zusage an die Bundesregierung, ChilenInnen hier aufnehmen zu wollen.[145] Er beschrieb die Lage in Chile als prekär, da dringend Aufnahmeländer für 10.000 oder mehr Flüchtlinge gesucht würden, viele bereits in Argentinien oder Peru warteten, wo die Aufenthaltsdauer beschränkt sei und zudem über 3.000 Menschen in Flüchtlingslagern untergebracht seien. *Amnesty International* habe die Bundesregierung mehrfach aufgefordert, schnelle Hilfe zu leisten, jedoch sei das bisher nicht geschehen. Deshalb wende *Amnesty International* sich direkt an die Städte, denn: „Wie wir zuverlässig erfahren, könnte diese Entscheidung verhältnismäßig schnell und positiv getroffen werden, wenn sich einige Städte in der Bundesrepublik Deutschland bereit erklären würden, politische Flüchtlinge aus Chile aufzunehmen."[146] Dem wurde bei der Verwaltungsausschusssitzung am 01.11.1973 entsprochen, wobei zu dem Zeitpunkt aber bereits die Zusage der Bundesregierung erfolgt war und lediglich die Bestätigungen der Länder und Kommunen, wie viele Flüchtlinge sie aufnehmen konnten, nach Bonn gemeldet werden brauchten. Auch das Land Niedersachsen, welches zu der Zeit noch SPD-regiert war, hatte sich bereits dazu verpflichtet, ChilenInnen aufzunehmen, und dies der Bundesregierung mitgeteilt, um „sicherzustellen, dass auch ohne vorherige Ankündigung eintreffende Flüchtlinge aus

---

[144] Bundesinnenminister Zimmermann, nach Medico International et al. 1987: 9.
[145] Kopie des Briefes in meinem Besitz, ausgehändigt von Herrn Grimpe, Büro Oberbürgermeister Hannover, einsichtig auch in Archiv III.
[146] Ebenda.

Chile sofort untergebracht werden können".[147] Somit wurde das Thema nicht weiter diskutiert. Es wurde abgestimmt, dass die Stadt ein Kontingent von 100 Personen problemlos aufnehmen konnte.[148] Der Beschluss zur Aufnahme in Hannover scheint einhellig getroffen worden zu sein, so erklärte der Beigeordnete Heinemann, dass „sich die Stadt aus humanitären Gründen der Aufnahme chilenischer Flüchtlinge nicht verschließen könne" und Beigeordneter Briese, dass es „selbstverständlich" sei.[149] Den einzigen Hinweis auf Bedenken gegenüber ChilenInnen bietet die *Hannoversche Allgemeine Zeitung* vom 31.10.1973, die berichtet, dass der Bezirksverband der Jungen Union in einer Erklärung die Überprüfung jeder/s ChilenIn in Hinsicht auf eine „loyale Haltung zum Grundgesetz" forderte.

Bei der nächsten Sitzung wurde ein Dankesbrief von *Amnesty International* Hannover zur Kenntnis genommen, und weiter taucht das Thema der ChilenInnen in den Verwaltungsakten bis zum Jahr 1987, als es um die Aufnahme der fünfzehn von der Todesstrafe bedrohten ChilenInnen ging, nicht auf (siehe II.3.3.2.). Die GABL hatte einen Antrag eingereicht, in dem sie den Stadtrat aufforderte sich solidarisch zu erklären.[150] Dies geschah, jedoch kam keine/r der Fünfzehn nach Hannover.

Detaillierte Maßnahmen für die Ankömmlinge konnten noch nicht besprochen werden, weil nicht klar war, ob Einzelpersonen oder Familien kommen würden, in welchem Zustand sie sich befänden und welches Alter und Berufsausbildung sie haben würden. Man ging davon aus, dass in den ersten Tagen eine geschlossene Unterbringung aller ChilenInnen zu organisieren sei, um „Gesundheitsmaßnahmen" durchzuführen und ihnen „die persönlichen Utensilien wie Bekleidung etc. besorgen zu können".[151] Das Wohnungsamt sollte sich um die Unterbringung kümmern (bis dahin bezahlte die Stadt Hotels) und das Sozialamt sollte die Ausstattung der Wohnungen übernehmen. Auch die Einschulung eventuell einreisender Kinder würde kein

---

[147] *Hannoversche Allgemeine Zeitung* vom 31.10.1973.
[148] Vgl. Protokoll des Verwaltungsausschuss vom 01.11.1973.
[149] Protokoll der Verwaltungsausschuss-Sitzung vom 01.11.1973.
[150] Vgl. Antrag der GABL vom 03.10.1988, Drucksache #1095/88, Archiv III & auch zu Folgendem Protokoll der Verwaltungsrats-Sitzung vom 17.11.1988, Archiv III. Da die Akten dreißig Jahre alt sein müssen, um sie einzusehen, kann ich nicht mit Sicherheit sagen, dass das Thema nicht weiter auftaucht, sondern mich lediglich auf die mündliche Auskunft des Stadtarchiv-Mitarbeiters verlassen.
[151] Protokoll der Verwaltungsausschuss-Sitzung vom 01.11.1973, Archiv III.

Problem darstellen, da bereits Vorklassen für spanische Gastarbeiterkinder vorhanden seien. Das Sozialamt teilte mit, dass es den ChilenInnen zunächst eine Unterstützung in gleicher Höhe genehmigen würde, wie sie Aussiedler bekommen. Später könnten sie „im Notfall Sozialhilfe beziehen".[152] In der Zwischenzeit bereitete die Stadt ein Informationsblatt in Deutsch und Spanisch vor, „[u]m den Flüchtlingen das Einleben in der neuen Umgebung zu erleichtern".[153]

II.4.2. Ankunft der ersten ChilenInnen 1973

Am 29.11.1973 teilte das Bundesinnenministerium mit, dass von den insgesamt 250 Menschen, die auf ihre Ausreisegenehmigung in die BRD warteten, in den nächsten Tagen auch die ersten in Hannover Unterzubringenden eintreffen würden.[154] Es dauerte aber noch bis zum 17. und 18.12.1973, bis die ersten beiden Gruppen ChilenInnen in Hannover eintrafen.[155]

Die Ankunft der ersten chilenischen Flüchtlinge in Hannover an einem Montagabend ist in einem Artikel der *Hannoverschen Allgemeinen Zeitung* vom Mittwoch, den 19.12.1973 anschaulich dokumentiert: Dort wird beschrieben, wie das Flugzeug verspätet ankam und sich unter den Wartenden, bestehend aus dem Bürgermeister Otto Barche, MitarbeiterInnen des Sozialamtes, Jusos und *Amnesty International*-Mitgliedern sowie „zahlreiche[n] Journalisten und [dem] Fernsehen", Konflikte herausbildeten. So kritisierten die Jusos die Unterbringung in Hotels, sie hätten Privatquartiere für immerhin sechs Personen besorgt, worauf Georg Curtze vom Sozialamt jedoch „kontert[e]", er habe die Anweisung bekommen, zunächst *alle* Flüchtlinge in Hotels unterzubringen.[156] Daraufhin warf der Landesvorsitzende der Jusos Curtze vor, „mit Genscher unter einer Decke zu stecken" und ein anderer nahm an, dass die ChilenInnen erst noch vom Verfassungsschutz untersucht werden sollten, bevor man sie ins Land lassen wolle.[157] Als die ChilenInnen landeten, wurden sie gleich mit Fernsehscheinwerfern empfangen und mit einem Glas Saft und einem Strauß rot-weißer Nelken vom Bürgermeister Otto Barche begrüßt.

---

[152] *Hannoversche Allgemeine Zeitung* vom 30.11.1973.
[153] *Hannoversche Allgemeine Zeitung* vom 30.11.1973.
[154] Vgl. *Hannoversche Allgemeine Zeitung* vom 30.11.1973.
[155] Vgl. *Hannoversche Allgemeine Zeitung* vom 19.12.1973.
[156] Ebenda.
[157] Ebenda.

„Eine Frau fängt heftig zu weinen an. Die Männer verziehen keine Miene."[158] Dann wurden die fünf Männer, vier Frauen und ein eineinhalbjähriges Mädchen mit einem Bus in ihre Unterkünfte in zwei hannoverschen Hotels gebracht. Zwanzig Stunden später kam die zweite Gruppe, ebenfalls mit Verspätung, an. Es handelte sich nur um sieben Personen: einen „Zivilingenieur mit Frau und vier Kindern sowie ein Parlamentssekretär, dessen Frau noch in Chile im Krankenhaus" lag.[159] Der Sprecher der ChilenInnen war ein Jorge Miguel Rojas, der Philosophieprofessor war. Er berichtete der *Hannoverschen Allgemeinen Zeitung* von Folterungen und Gefangenschaft und wie schwierig es gewesen sei, in die deutsche Botschaft zu gelangen.

Am 18.12. gab es eine erste Besprechung mit den ChilenInnen (allerdings war die zweite Gruppe noch nicht eingetroffen) in den Räumen des Sozialamtes. Sie erhielten dort „die wichtigsten Informationen, unter anderem eine Liste (in Deutsch und Spanisch) der für sie wichtigen Ämter und Organisationen".[160] Die Jusos konnten mitteilen, dass sie Deutschlehrer bereitstellen würden, die sich kostenlos zur Verfügung stellten und die Stadt appellierte an die spanischsprachige Bevölkerung Hannovers, sich freiwillig zu melden um die ChilenInnen zu betreuen und ihnen bei den neuen Alltagsschwierigkeiten beizustehen. Das erste Geld, das die ChilenInnen bekamen, belief sich auf 300 DM für Alleinstehende und 650 DM für Familien.[161]

II.4.3. Eintreffen weiterer ExilantInnen in den Folgejahren

Im Laufe der Zeit kamen weitere Flüchtlinge nach Hannover und Niedersachsen. Bis zum 05.01.1974 waren fünf Gruppen, mit einer Gesamtzahl von 64 ChilenInnen in Hannover aufgenommen.[162] Die restlichen Plätze des Kontingentes von 100 waren für Familienangehörige reserviert.[163] Viele Flüchtlinge konnten ihre Familie nicht sofort mitnehmen, und es gab solch tragische Fälle, wie dass die 14-jährige Tochter eines Chilenen eine Blinddarm-Operation brauchte und deshalb noch in Chile bleiben musste, oder ein 10-monatiges Baby zurückgelassen werden musste, da es zu schwach für den

[158] Ebenda.
[159] Ebenda.
[160] Ebenda.
[161] Vgl. *Hannoversche Allgemeine Zeitung* vom 19.12.1973.
[162] Vgl. *Hannoversche Allgemeine Zeitung* vom 05./06.01.1974.
[163] Vgl. *Hannoversche Allgemeine Zeitung* vom 03.01.1974.

Flug war.[164] Am 19.01.1974 waren rund 80 ChilenInnen in Hannover untergebracht.[165]

Bis zum 03.01.1974 trafen 42 ChilenInnen ein, die zwar nicht in Hannover, aber in Niedersachsen bleiben sollten. Niedersachsen hatte einem Kontingent von insgesamt 350 ChilenInnen zugestimmt, was die 100 Plätze in Hannover beinhaltete. Am 25.01.1974 waren es laut dem niedersächsischen Minister für Bundesangelegenheiten, Herbert Hellmann, bereits etwa 77 (ohne die rund 80 in Hannover untergebrachten).[166] Diejenigen, die nicht für Hannover eingeteilt waren, wurden im Flüchtlingslager Friedland bei Göttingen untergebracht, wo sie bleiben sollten, bis ihre Asylverfahren abgeschlossen waren.[167] In den Jahren 1973/74 waren auch ChilenInnen dort, die auf andere Bundesländer verteilt werden sollten, da die Bundessammelstellen überfüllt waren.[168]

Einige ChilenInnen trafen Jahre später ein, da sie im Gefängnis oder KZ gesessen hatten, oder zunächst in einem anderen Land Zuflucht gefunden hatten, wie Isabel Montes, die in Argentinien gewesen war und 1978, als ihre persönliche Sicherheit nicht mehr gewährleistet war, nach Hannover kam.[169] Sie hatten mehr Hindernisse zu überwinden als die ersten Flüchtlinge, da ab dem 06.02.1976 Ernst Albrecht erster CDU-Ministerpräsident von Niedersachsen war, welcher der Aufnahme und politischen Tätigkeit von ChilenInnen ablehnender gegenüberstand als sein Vorgänger Alfred Kubel von der SPD.[170]

Es herrschte eine gewisse Fluktuation innerhalb der BRD und Europa: Familien taten sich wieder zusammen oder gingen auseinander, manche wechselten ihren Exilort (den sie sich ja nicht ausgesucht hatten) aufgrund

---

[164] Vgl. *Hannoversche Allgemeine Zeitung* vom 03.01.1974 bzw. vom 05./06.01.1974.
[165] Vgl. *Hannoversche Allgemeine Zeitung* vom 19.01.1974.
[166] Vgl. *Hannoversche Allgemeine Zeitung* vom 25.01.1974 & vom 19.01.1974.
[167] Vgl. *Hannoversche Allgemeine Zeitung* vom 03.01.1974.
[168] Vgl. Kleineke 2002: 133. Die Hauptstelle war in Zirndorf (Bayern). Die bayrische Landesregierung forderte im Dezember 1973 mehr Sammellager, weil das Lager überfüllt sei und es Konflikte mit „rivalisierenden Volksgruppen“ gäbe (*Frankfurter Rundschau* vom 13.12.1973). Daraufhin begann die Bundesregierung mit der „Dezentralisierung“ der Unterbringung von Asylsuchenden.
[169] Isabel Montes am 22.12.2003.
[170] Evamarie Dietrich am 02.09.2003 & Alfred Klose am 22.10.2003.

persönlicher Gründe oder wegen des Klimas und der Sprache.[171] Aus diesem Grund ist es mir nicht möglich, eine genaue Statistik der Anwesenheit von ChilenInnen in Hannover zu erstellen, aber auch, weil die statistischen Angaben ungenau sind. So differiert das Melderegister des Ordnungsamtes mit dem Ausländerzentralregister.[172] Vor dem Putsch waren 36 ChilenInnen in Hannover, danach sind es genau 100 mehr, was mit dem Kontingent der Stadt Hannover zwar korrespondiert, aber nicht mit den verschiedenen Angaben aus der *Hannoverschen Allgemeinen Zeitung*, aus denen hervorgeht, dass das Kontingent selbst ein Jahr später noch nicht ausgeschöpft war (siehe auch Tabelle 1 im Anhang).

II.5. Die Entwicklung der Solidaritätsbewegung in Hannover

II.5.1. Formierung und ‚erste Hilfe' bis Herbst 1974

Vom 11.09.1973 bis zum Herbst 1974 hatten das Thema Chile und die Solidaritätsbewegung bundesweite Hochkonjunktur.[173]

Noch bevor ChilenInnen in Hannover eintrafen organisierte *Amnesty International Hannover* Hilfslieferungen nach Chile, linke Studierende gründeten das *Komitee für ein sozialistisches Chile* und die DKP rief ein Aktionsbündnis ins Leben. Der Schwerpunkt des studentischen Komitees lag in Diskussionen über den ‚chilenischen Weg', als auch über die Reaktionen in der BRD, von Seiten der Linken und der ‚Herrschenden', auf den Putsch.[174] Zudem sammelte das Komitee Geld und Medikamente für politisch Verfolgte und Gefangene, wobei es mit *Amnesty International* kooperierte. Gleichzeitig war Chile in den geisteswissenschaftlichen Fakultäten der Universität Hannover eines der Schwerpunktthemen. So hielt Jürgen Eckl, der noch vor dem

---

[171] Miguel Gonzales am 22.09.2003 & Jürgen Eckl am 13.01.2004.

[172] Eine Begründung konnte mir weder der Ansprechpartner der Bundesstelle nennen, noch Herr Heine vom Ordnungsamt, noch Herr Polte vom Hannoverschen Amt für Statistik und Wahlen, der aber vermutet, dass die Meldebögen in den einzelnen Filialen ungenau geführt worden seien. Es müssten in den Zahlenangaben alle ChilenInnen enthalten sein, weil sich jede/r Ausländer/in, der/die sich länger als drei Monate in Deutschland aufhält, melden müsse, auch wenn er/sie studiert oder mit einem Arbeitsvisum da ist. Ich vermute, dass einfach das Kontingent von 100 in die Statistik übernommen wurde.

[173] Vgl. Balsen/Rössel 1986: 330.

[174] Vgl. auch zu Folgendem *Arbeitsbericht des Chile-Komitees*, ohne Autor, ohne Jahr, vermutlich März 1974, zweite Version: 3 f.; Archiv I, Ordner *Unterlagen Chile-Komitee Hannover*. Mit dem ‚chilenischen Weg' ist das Projekt des demokratischen Sozialismus der *Unidad Popular* gemeint.

Putsch aus Chile zurückgekehrt war, seine Antrittsvorlesung am soziologischen Institut über die *Unidad Popular* im Oktober 1973 vor 800 Zuhörern. Klaus Meschkat sorgte ebenfalls über dreißig Jahre lang für das Vorhandensein lateinamerikanischer Lehrinhalte am soziologischen Institut. Beide leiteten ein Doktoranden-Kolloquium, an dem etwa zehn ChilenInnen teilnahmen.[175] Die universitären politischen Gruppen befassten sich im Gegensatz zum Lehrkörper weniger konstant mit Chile, was daran lag, dass eine Vielzahl anderer Themen ihre Aufmerksamkeit verlangte, wie den Akten des AStA aus der Zeit entnommen werden kann: ein neues Hochschulreformgesetz, die Berufsverbote und bundesweite AStA-Konflikte, sowie Kampagnen gegen die Diktaturen im Iran und Griechenland.[176]

Das Eintreffen der ChilenInnen in der Stadt änderte die Art der Solidarität: Nun musste eine Betreuung der Flüchtlinge organisiert werden, um ihnen bei Ämtergängen, Wohnungsbesichtigungen, Einkäufen u. a. m. zu helfen. Diese Aufgaben wurden hauptsächlich von der Flüchtlingsgruppe von *Amnesty International* und engagierten Bürgern unterschiedlicher politischer Couleur in die Hand genommen, es gab Betreuer für jede Familie oder Einzelperson.[177] Die politischen Komitees beteiligten sich ebenfalls daran. Das studentische *Komitee für ein Sozialistisches Chile*, das Anfang 1974 eine „Initiativgruppe" des wiederbelebten *Sozialistischen Deutschen Studentenbundes* (SDS) geworden war, nutzte seine Kontakte und half den ChilenInnen bei Bewerbungen für Stipendien bzw. Studienplätze und bei der Arbeitssuche.[178] Auch wollten die deutschen ‚Solis' (wie die ChilenInnen sie nannten) den Exilierten bei der Organisierung politischer Aktivität helfen bzw. erhofften sie sich eine Zusammenarbeit (siehe III.3.2.). Dazu wurde zunächst ein Koordinationstreffen organisiert.

Die Arbeit der politischen Komitees wurde erheblich konkreter und die ChilenInnen versorgten sie mit Informationen direkt aus Chile. Jedoch konnten

---

[175] Jürgen Eckl am 13.01.2004.
[176] Vgl. Jahresbericht des AStA, Archiv II, die Ordner *ZR, Zentralrat Asten 1973/4 / AStA-Veröffentlichungen 1973-76 / 26. MV '74.*
[177] Heide Müller am 27.10.2003 & Margot Matthias am 15.10.2003 & Johann Rajcek am 10.11.2003.
[178] Vgl. auch zu Folgendem *Arbeitsbericht des Chile-Komitees*, ohne Autor, ohne Jahr, vermutlich März 1974, zweite Version: 5 f.; Archiv I, Ordner *Unterlagen Chile-Komitee Hannover.*

die beiden Komitees nicht zusammenarbeiten, da sie sich nicht über die Form der politischen Arbeit einigen konnten, und auch die Einschätzung der *Unidad Popular* und des Putsches sowie der Ziele der Solidarität waren anscheinend unvereinbar: Die DKP war mit der *Partido Comunista* (PC), verschwestert' und warf dem studentischen Komitee vor, sich an die Position des *Movimiento de la Izquierda Revolucionario* (MIR) zu halten. Die PC war damals der Ansicht, der MIR (der nicht in der *Unidad Popular* war) habe durch seinen Linksradikalismus den Putschisten Vorschub geleistet. Es ging dabei aber in erster Linie um unterschiedliche Vorstellungen gesellschaftlichen Wandels.[179]

Die Studierenden schätzten ihr Komitee als durchaus innovativ ein, so war es „zum ersten Mal seit zwei Jahren [...] möglich [gewesen], die sozial und politisch voneinander getrennten Genossen der Universität und der Jugendzentren in einer Kampagne zusammenzubringen".[180] Kritisch merkt der/die AutorIn an, dass der Mobilisierungsgrad über die „,etablierte' Linke" hinaus eher gering gewesen sei, so seien kaum Schüler oder Lehrlinge aktiv gewesen.[181] Dies scheint ein generelles Symptom des linken Internationalismus und der Chile-Bewegung in Deutschland gewesen zu sein. ArbeiterInnen waren zwar aktiv durch den DGB, aber der Kern der Bewegung bestand aus Intellektuellen verschiedenster politischer Herkunft und an einigen Orten, wie Münster, auch der Kirche. In Hannover scheint die Kirche weniger aktiv gewesen zu sein. Die *Evangelische Studentengemeinde* beteiligte sich zumindest anfänglich an Aktivitäten und eine Kirchengemeinde in Vahrenheide kümmerte sich für kurze Zeit um ChilenInnen, die um Hilfe gebeten hatten.[182]

Ein besonders in Niedersachsen konstant aktiver Zweig der Solidaritätsbewegung waren die Gewerkschaften. Gleich nach dem Putsch initiierte der DGB Landesbezirk Niedersachsen einen *Arbeitskreis Chile*, „um die gewerkschaftliche Solidarität mit den Opfern der Militärdiktatur in Chile zu koordinie-

---

[179] Vgl. Balsen/Rössel 1986: 303 / 323-5. Die DKP wurde von den ,revolutionären' Linken als revisionistisch bezeichnet, da sie von DDR und UdSSR finanziert wurde und trotz der blutigen Niederschlagung des chilenischen Versuchs noch den friedlichen Weg zum Sozialismus propagierte würde (vgl. Balsen/Rössel 1986: 345).

[180] *Arbeitsbericht des Chile-Komitees*, ohne Autor, ohne Jahr, vermutlich März 1974, zweite Version: 3; Archiv I, Ordner *Unterlagen Chile-Komitee Hannover.*

[181] Ebenda.

[182] Vgl. ebenda 2 zu erstem & Evamarie Dietrich am 02.09.2003 zu zweitem.

ren".[183] Die Haupttätigkeit bestand darin Spenden für GewerkschafterInnen oder für (illegale) Projekte, wie Zeitungen, zu sammeln. Der Arbeiterwiderstand wurde durch finanzielle Hilfe an Streikküchen oder Rechtshilfeeinrichtungen unterstützt.[184] Zudem traf sich der Arbeitskreis regelmäßig, um über die Situation in Chile zu diskutieren und brachte eine zweimonatlich erscheinende Zeitung, das *DGB-Chile-Info* heraus. Die Teilnahme am Arbeitskreis und den von ihm organisierten Seminaren war für jede/n offen. Die Seminare, die im DGB-Haus in Springe stattfanden, dienten der politischen Weiterbildung; die ChilenInnen sollten dabei mehr über Deutschland und die Deutschen mehr über Chile und die *Unidad Popular* erfahren.

In finanziellen Angelegenheiten leistete die *Hans-Böckler-Stiftung* des DGB unersetzliche Hilfe. Sie brachte zwischen 1974 und 1992 bundesweit drei Millionen DM Unterstützungsgelder auf, von denen Stipendien chilenischer Exilierter, sowie zahlreiche der bereits angesprochenen Projekte in Chile finanziert wurden.[185] In Hannover war der bekannte Gewerkschafter (und ehemaliger Flüchtling vor dem Naziregime) Rudi Krautter auch in der Chile-Solidarität eine herausragende Figur.[186] Er bemühte sich unermüdlich um finanzielle Unterstützung für gewerkschaftliche Projekte in Chile oder in Hannover.

II.5.2. Ende der Massensolidarität und Neuformierung der Bewegung bis 1980

Das Schwinden der Massensolidarität und die damit einhergehende Neuformierung der Bewegung verliefen in Hannover ähnlich wie in der BRD insgesamt. Erich Süssdorf, Mitbegründer des Westberliner Chile-Komitees, charakterisierte die Wandlung folgendermaßen: „Die Solidarität war irgendwann eine, die nicht mehr von politischen Hoffnungen, Illusionen und Wünschen geprägt war, sondern sie wurde zu einer moralischen, menschenrechtsorientierten Unterstützungsarbeit."[187] Diese Einschätzung trifft m. E. lediglich auf

[183] DGB 1985: 3.
[184] Vgl. auch zu Folgendem DGB 1985: 3.
[185] Vgl. Chile-Informationsbüro e.V. 1999: 37. Für Hannover berichteten das Alfred Klose am 22.10.2003 & Jürgen Eckl am 13.01.2004.
[186] Vgl. Jacobs 1988 & DGB-Landesbezirk Niedersachsen 1985 & Alfred Klose am 22.10.2003.
[187] Interview nach Balsen/Rössel 1986: 370.

die linken Gruppen zu, da andere, wie *Amnesty International*, keinen politischen Anspruch hatten. In Hannover lösten sich bereits innerhalb des ersten Jahres die Chile-Gruppen auf, um durch neue ersetzt zu werden:

Die Flüchtlingshilfsgruppe von *Amnesty International* Hannover wandte sich anderen Flüchtlingen zu, als die ChilenInnen sich nach etwa einem Jahr einigermaßen zurechtfanden.[188] Die Kontakte zwischen den deutschen Helfern und ‚ihren' chilenischen Familien bestanden aber in einigen Fällen noch weiterhin.[189]

Das DKP-Bündnis war, nach Ansicht des *Komitees für ein sozialistisches Chile*, bereits 1974 in der Unbedeutendheit versunken und die Hauptarbeit wurde nur noch von diesem durchgeführt, mit teilweiser Unterstützung der *Evangelischen Studentengemeinde*.[190] Aber auch das existierte nicht viel länger. Im Sommer 1974 löste es sich auf, da es interne Differenzen über die Positionierung zur RAF-Frage gab (die damals noch aktueller war als Chile).[191] Dafür gründete sich Anfang 1977 das *Komitee für politische Gefangene und verfolgte ChilenInnen*, das parteiübergreifend war und das Ziel hatte, die Spaltung innerhalb der Chile-Szene zum Ende zu bringen und wieder effektive Solidarität für Chile zu leisten.[192] Haupttätigkeit war das Sammeln von Spenden für Projekte in Chile oder für Flugtickets. Dies geschah durch Stände, Teilnahme an größeren politischen Veranstaltungen, insbesondere dem 1. Mai, oder der Organisation eigener Veranstaltungen. Das Verfassen und Verbreiten von Broschüren über Chile war ein wichtiger Bestandteil der politischen Aktivitäten. Das Komitee war personell mit dem DGB-Arbeitskreis verbunden (Jürgen Eckl in beiden tätig), so dass viele der Projekte und Aktionen gemeinsam durchgeführt wurden. Eckl betont auch, dass es in Hannover we-

---

[188] Margot Matthias am 15.10.2003.

[189] Johann Rajcek am 10.11.2003.

[190] Vgl. *Arbeitsbericht des Chile-Komitees*, ohne Autor, ohne Jahr, vermutlich März 1974, zweite Version: 2; Archiv I, Ordner *Unterlagen Chile-Komitee Hannover*. Die Einschätzung wird wohl nicht ganz frei von Vorurteilen gegenüber der DKP gewesen sein.

[191] Jürgen Eckl am 13.01.2004.

[192] „Satzung"; o. A., vermutlich April 1977; Archiv I, Ordner *Unterlagen Chile-Komitee Hannover*. Das genaue Gründungsdatum geht aus den Akten nicht hervor, nur dass es kurz vor Februar 1977 gewesen sein muss. Jürgen Eckl war anfänglich der Sprecher des Komitees, bis er aus beruflichen Gründen ausschied und Egon Kutscher das Amt übernahm.

niger Spaltung gab als anderswo in Deutschland und dass es eine recht harmonische Chile-Szene gab, viel Kooperation und Austausch erfolgte.[193]

1975 entstand eine hannoversche Ortsgruppe der *Kinderhilfe Chile.* Diese bundesweite Organisation war auf Initiative des Bischofs Helmut Frenz und Bussi Hortensia Allendes, der Witwe des toten Präsidenten, in Frankfurt am Main gegründet worden.[194] Sie distanzierte sich bewusst von jeglicher Parteizugehörigkeit, und ihr erklärtes Ziel war es, Projekte in Armenvierteln in Chile zu unterstützen, da die Kinder dort am meisten unter der Diktatur litten. Die *Kinderhilfe Chile* arbeitete bundesweit unter einem gemeinsamen Motto, das sich jährlich änderte, jede Gruppe suchte sich über die Kontakte, die die ChilenInnen hatten, ein Projekt in Chile, informierte darüber und sammelte Spenden. Die *Kinderhilfe Chile* in Hannover war wesentlich von Mitgliedern *der Partido Comunista*, aber auch von anderen ChilenInnen frequentiert, die sich keiner Partei zuordnen wollten.[195]

II.5.3. Rückgang und Diversifizierung der Solidaritätsarbeit bis 2003

Die 1980er Jahre waren zum einen geprägt von der parteigebundenen Solidarität, die von den chilenischen Exilparteien und Chile-Komitees im Umfeld linker Parteien oder Gewerkschaften relativ kontinuierlich weitergeführt wurde, wenngleich sie keine Massenbasis mehr besaßen.[196] Zum anderen diversifizierte sich die Solidaritätsbewegung – diejenigen Chile-Gruppen, die aus einem Bündnis verschiedener Organisationen, wie den ‚Spontis' oder ‚K-Gruppen', ausgegangen waren, lösten sich in der internationalistischen (oder Dritte-Welt-) Bewegung auf.[197]

1980 existierten in Hannover noch die *Kinderhilfe Chile* und der DGB-Arbeitskreis, sowie das *Komitee für politische Gefangene und verfolgte Chilenen.* Zu der Existenz des Letzteren gibt es differierende Meinungen, so dass ich davon ausgehe, dass es öffentlich nicht sehr aktiv gewesen sein kann.[198] Zudem schlossen sich einige exilierte ChilenInnen zu einem Komitee

---

[193] Interview am 13.01.2004.
[194] Evamarie Dietrich am 02.09.2003 auch zu Folgendem.
[195] Jürgen Eckl am 13.01.2004 zu erstem & Evamarie Dietrich am 09.10.2003 zu zweitem.
[196] Vgl. Kaltmeier 1999: 4.
[197] Melanie Esser am 18.12.2003.
[198] Interview mit Melanie Esser am 18.12.2003, die sich nicht erinnert, von dem Komitee etwas gehört zu haben, obwohl sie die internationalistische und linke Szene Hannovers

zusammen, welches den Zweck hatte, das Exil besser zu verarbeiten und die Chile-Bewegung zu vereinen. Auch sollte die „'bewusste Solidarität' der deutschen Genossen" empfangen und nicht mehr „ausgenutzt" werden, „wie das in der Vergangenheit oft geschehen" war.[199] Es scheint sich in dieser Zeit ein Umbruch in den Formen der politischen Arbeit der ChilenInnen und ‚Solis' zugetragen zu haben, vermutlich als Resultat jahrelanger Diskussionen und des Schwindens der aktiven Solidarität im Allgemeinen. Eine Frauenorganisation, die CAMUR (*Comité para el apoyo de la mujer en resistencia* – „Komitee zur Unterstützung der Frau im Widerstand"), wurde 1983 von drei deutschen Aktivistinnen gegründet, aber es nahmen auch Chileninnen teil. CAMUR war nicht speziell auf Chile ausgerichtet, sondern unterstützte alle Frauen, die sich im Widerstand, bewaffneten Kampf oder politischer Gefangenschaft befanden, wobei der Schwerpunkt auf Lateinamerika lag.[200]

Die Gründe für den (bundesweiten) Rückgang der massenhaften Solidarität sind in der Literatur vielfach diskutiert. So waren das Ausbleiben eines effektiven Widerstandes in Chile und der Zeitfaktor, sowie die Tatsache, dass es weitere in der BRD relevante Themen gab, hauptsächliche Faktoren dafür.[201] Auch kehrten manche ChilenInnen, besonders die politisch aktiven, zurück in ihr Land, um den Widerstand direkt zu unterstützen. Das schwächte die Gruppen in Deutschland.[202] Auf Hannover traf das allerdings nicht zu, da relativ wenige vor 1989/90 weggingen. Aber der Umfang der Chile-Arbeit nahm ab, war kein Thema in der breiten Öffentlichkeit mehr. Die drei tragenden Gruppen (*Kinderhilfe Chile*, Chile-Komitee und DGB-Arbeitskreis) arbeiteten jedoch kontinuierlich weiter.

In den 1990er Jahren war bundesweit von der Chile-Bewegung nicht mehr viel übrig geblieben. Die ‚Reste' trafen sich aber „zum regelmäßigen jährlichen Informationsaustausch und zur Reflexion der eigenen Arbeit. Das Profil

---

gekannt habe & Interview mit Jürgen Eckl am 13.01.2004, der sagt, das Komitee sei bis in die 1990er Jahre hinein aktiv gewesen.

[199] Komitee der exilierten ChilenInnen: „Komitee der exilierten ChilenInnen an die chilenische Linke und an die Solidaritätsbewegung mit Chile"; ohne Jahr, vermutlich 1980; Archiv I, Ordner *DGB-Arbeitskreis (Arbeitspapiere).*

[200] Interviews mit Hannah Schuster am 07.12.2003 & Melanie Esser am 18.12.2003.

[201] Vgl. Balsen/Rössel 1986: 353 & Interview mit Erich Süsskind in Balsen/Rössel 1986: 369 f. & Vack 1986: 372 & Müller-Plantenberg 1978: 360-6, der u. a. kritisiert, wie „konjunkturabhängig" (363) der deutsche Internationalismus sei.

[202] Chile-Informationsbüro e. V. 1999: 40.

der Solidaritätsarbeit entwickelte sich grundsätzlich zu politischer Bildungs- und Bewusstseinsarbeit."[203] Dies war auch zunächst die einzige Alternative, die mit dem Verschwinden des Feindbildes Pinochet motivationslose Bewegung überhaupt am Leben zu halten.[204] Doch waren immer noch moralische und finanzielle Unterstützung vonnöten, wie in der Juli-Ausgabe des DGB-Chile-Info bekräftigt wurde.[205] Der Arbeitskreis des DGB war bis mindestens 1990 aktiv, die Juli-Ausgabe des Chile-Info kam allerdings verspätet heraus, was daran lag, dass „die Arbeitskapazitäten [...] zu gering" waren.[206] „Diese Situation" würde sich nach Einschätzung des *Chile-Infos* „in den nächsten Monaten noch verschärfen, da sich mehrere ArbeitskreismitgliederInnen [sic] entschlossen [...], in ihr Heimatland zurückzukehren."[207] Hier wurden die Auflösungserscheinungen sichtbar, an denen der DGB-Arbeitskreis schließlich „versandete", wie Alfred Klose, der jahrelanges Mitglied war, es ausdrückte.[208] Die *Kinderhilfe Chile* schlief ebenfalls aufgrund mangelnder Partizipation ein.[209]

Heute gibt es keine offiziellen Chile-Gruppen mehr. Als sich der 11. September (1973) zum 30. Mal jährte, fanden viele Veranstaltungen dazu statt, bei denen sich die damalige ‚chilenische' Szene wieder traf. Es gibt also noch Menschen, die sich zugehörig fühlen.

II.6. Zusammenfassung

Am chilenischen Exil kann die Überlappung von Flucht und anderen Migrationsformen aufgezeigt werden. So bestanden seit spätestens Mitte des 19. Jahrhunderts Migrationspfade zwischen Deutschland und Chile, allerdings zumeist unidirektional und primär von Deutschen genutzt. Das Exil bewirkte eine Verfestigung dieser Migrationspfade; zum einen durch die Freundschaften, die sich innerhalb der Solidaritätsbewegung ergaben und zum anderen durch die zweite und dritte Generation der Exilierten, die hier studier(t)en. Die Tatsache, dass nicht alle Verfolgten flohen, zeigt, dass

---

203 Chile-Informationsbüro e. V. 1999: 41.
204 Vgl. Imholz 1997: 6.
205 Vgl. *Chile-Info* des DGB Hannover #7, 1990: 3.
206 *Chile-Info* des DGB Hannover #7, 1990: 13.
207 Ebenda.
208 Interview am 22.10.2003.
209 Evamarie Dietrich am 09.10.2003.

Flucht von vielen Faktoren abhängt, wie das Wissen um Fluchtwege, die Gelegenheit und die Unterstützung sie zu benutzen und die Einsicht, dass es keine Alternative dazu gibt, um sein Leben zu retten.

Der Fall Chile zeigt, dass die Bekämpfung der Fluchtursachen an erster Stelle stehen sollte: Dazu gehört auch die Aufnahme verfolgter Menschen. Diese konnten sich aus dem Exil heraus um eine Änderung der Verhältnisse in ihrem Land bemühen. Sicherheitsbedenken des deutschen Staates behinderten aber die Aufnahme von ChilenInnen. Sie stellten sich, nicht erst im Nachhinein als ideologiegeleitet und unbegründet heraus. Die verfolgten ChilenInnen genossen jedoch eine solch breite internationale Solidarität, dass viele von ihnen trotzdem eine Aufnahme fanden. Anzumerken, dass ohne internationalen Druck weitaus weniger von ihnen in der BRD aufgenommen worden wären, wäre natürlich reine Spekulation. Ein weiteres oft verwendetes Argument gegen die Aufnahme von Asylsuchenden allgemein, nämlich ihre zu große Zahl, war im Fall der ChilenInnen weniger relevant. Dennoch zeigt die Tatsache, dass immerhin 1 Million von ihnen weltweit Asyl suchten und fanden, dass bei Beteiligung vieler Staaten auch eine relativ große Menge von MigrantInnen ein neues Zuhause finden kann.

Auffällig ist, dass die Aufnahme in Hannover sich im Gegensatz zur gesamten BRD relativ unproblematisch vollzog. Doch war sie dadurch begünstigt, dass es anfänglich nur 100 Personen sein sollten, was den Haushalt der Stadt nicht allzu sehr belasten würde. Auch engagierten sich einige EntscheidungsträgerInnen der Stadt, wie Oberbürgermeister Herbert Schmalstieg, für die ChilenInnen. Der Einsatz von *Amnesty International*, Parteien, Gewerkschaften und der restlichen Solidaritätsbewegung trug ebenfalls zur relativ reibungslosen Aufnahme der ChilenInnen in Hannover bei und unterstreicht die Rolle lokaler Organisationen bei der Aufnahme von Flüchtlingen.

III. Integration

III.1. Allgemeine Einführung

III.1.1. Integration — ein vielschichtiger Begriff

Ein spezielles Problem bei der Beschäftigung mit Integration ist die Vielschichtigkeit des Begriffes und die Bandbreite der verwendeten Definitionen dafür. Das lateinische ‚integratio' bezeichnet die Wiederherstellung oder Erneuerung eines Ganzen oder die Eingliederung in ein größeres Ganzes. Letzteres ist im alltäglichen Sprachgebrauch mit Integration gemeint, wobei es sich um einen weit gefassten Begriff handelt, der auf alle denkbaren Sachverhalte angewendet werden kann. In Bezug auf Migrations- und Eingliederungsprozesse existieren ebenfalls viele Verwendungen des Wortes. Diese sind interessengeleitet und spiegeln die jeweiligen zeitgenössischen Haltungen in Bezug auf Integration wider. „In politischen Verlautbarungen und in den Medien war und ist mit Integration ausschließlich die Anpassungsleistung der Zugewanderten gemeint".[210] Hingegen existiert in der allgemeinen Soziologie eine Fülle von Definitionen, so dass sich innerhalb der Migrationssoziologie weitere Begriffe wie ‚Eingliederung' und ‚Assimilation' eingebürgert haben, um sich von der Bandbreite der Bedeutungen abzugrenzen. Da jedoch keine Einigkeit unter den Forschern herrscht, sind auch diese alternativen Begriffe wiederum mit zahlreichen Bedeutungen und Assoziationen belegt, so dass eine genaue Definition der verwendeten Termini in jeder wissenschaftlichen Arbeit vonnöten ist. Die Migrationssoziologin Annette Treibel schlägt deshalb vor, als Sammelbezeichnung ‚Eingliederung' zu verwenden und ‚Integration' nicht mehr in der Migrationssoziologie zu verwenden. Statt dessen solle mit verschiedenen Dimensionen von ‚Assimilation', welches sie als einen einseitigen Prozess der Anpassung der MigrantInnen an die Aufnahmegesellschaft definiert, gearbeitet werden.[211] In dieser Hinsicht ist zu bedenken, dass auch ‚MigrantInnen' ein weit dehnbarer Begriff ist, da es sich um viele verschiedene Gruppen mit unterschiedlichen Motiven zur Wanderung handelt. Dadurch entstehen unterschiedliche Konzepte zur Integration.[212] Trotz der damit verbundenen Definitionsproblematik verwende ich den Begriff

[210] Treibel 1999: 61, vgl. zu Folgendem Treibel 1999: 153.
[211] Vgl. 1999: 140.
[212] Vgl. Becker 2002: 8, der das am Beispiel temporärer Arbeitsmigration ausführt.

‚Integration', gerade weil er eine Fülle von Interpretationen zulässt. Ein vielschichtiger Begriff entspricht der Realität, da es sich um ein komplexes Phänomen handelt. Zudem verbindet sich damit, anders als bei den Ausdrücken ‚Assimilation' und ‚Eingliederung', ein zwei- oder mehrseitiger Prozess. Ich grenze mich aber ausdrücklich von den in Politik und Medien verwendeten Spielarten des Wortes ab, welche ihn als Äquivalent zur Assimilation (also Anpassung an die herrschenden Normen) verwenden.[213] Mit Integration bezeichne ich also den Prozess und seine Aspekte des Sich-Einlebens in einer neuen Umgebung und die Entwicklung des persönlichen Verhältnisses zu ihr. Dies ist nicht bezogen auf *eine* einheitliche Gesamtkultur und Gesellschaft, sondern auf schichtenspezifische (Sub-)Kulturen.[214]

III.1.2. Integration in der BRD – Praxis und Diskussion

III.1.2.1. Wirtschaftswunder und Antikommunismus (1945-70)

In der Nachkriegszeit wurde Integration als wirtschaftliche und ideologische Anpassung an die herrschenden Normen gesehen. So untersagte die britische Besatzungsmacht bis Ende 1948 „Zusammenschlüsse von Flüchtlingen und Vertriebenen [...], um die Organisation von Minderheiten zu blockieren und die Integration der Flüchtlinge und Vertriebenen zu beschleunigen".[215] Die nach diesem Zeitpunkt gegründeten Verbände erfüllten einen wichtigen Zweck für die Landesregierung wie für die Vertriebenen selbst: Sie dienten als „Auffangbecken für den Unmut vieler Zugewanderter" und halfen ihnen auf lange Sicht, einen Zugang zur Aufnahmegesellschaft zu finden.[216] Daraus setzte sich jedoch keine Erkenntnis in der Politik der jungen Bundesrepublik durch. Im Gegenteil waren z. B. die ÜbersiedlerInnen aus der DDR aufgrund ihrer ‚marxistischen' Erziehung einem besonders hohen Konformitätsdruck ausgesetzt.[217] Der ging sogar so weit, dass die Sozialforschungsstelle Dortmund 1957 eine Studie über ehemalige DDR-Jugendliche durchführte. Diese kam zu dem Ergebnis, dass sie „eine im Vergleich zu einheimischen Jugendlichen sehr hohe Sensibilität für soziale Probleme in der Bun-

---

[213] Vgl. Treibel 1999: 60 f.
[214] Vgl. Hoffmann-Nowotny 1973: 176.
[215] Wennemann 1997a: 92.
[216] Wennemann 1997a: 99.
[217] Vgl. auch zu Folgendem Wennemann 1997b: 162 f.

desrepublik" besaßen.[218] Da sie die Gefahr sahen, dass jegliches soziales oder politisches Engagement als „Nachwirken ‚kommunistischer Gedanken'" interpretiert würde, achteten die ÜbersiedlerInnen auf ‚systemkonforme' Meinungsäußerung.[219] Einem ähnlichen Druck waren die AussiedlerInnen aus der UdSSR oder Osteuropa ausgesetzt.[220] Die ‚Gefahr des Kommunismus' wurde aber auch bei ausländischen ArbeiterInnen befürchtet: Mitte der 1960er nahmen Unternehmerverbände einen vermehrten Einfluss ausländischer kommunistischer Parteien auf die ArbeiterInnen der entsprechenden Länder wahr.[221] Neben einer Überwachung dieser forderten sie deshalb die Verschärfung des geltenden Ausländerrechtes (was mit dem neuen Ausländergesetz von 1965 befolgt wurde) und die Auflösung der ‚Ghettos', da sie die subversiven Tendenzen verschärfen würden. Als eine Folge davon wurden NichtstaatsbürgerInnen von einer politischen Partizipation in Deutschland ausgeschlossen.

Die Integration der MigrantInnen wurde wesentlich durch die wirtschaftliche Konjunktur bestimmt, welche sich ab den 1950er Jahren ja bekanntlich in einem Hoch befand. Zwischen dem Wirtschaftsaufschwung und verbesserten ökonomischen Bedingungen für Zuwanderer ist eine Wechselwirkung zu beobachten: Einerseits begünstigten die guten ökonomischen Bedingungen seit den 1950er Jahren eine strukturelle Integration, da genügend Bedarf an Arbeitskräften vorhanden war.[222] Andererseits verhalfen MigrantInnen zu einem nicht unerheblichen Teil der deutschen Wirtschaft zu ihrem ‚Wunder'. So wird z. B. „[d]er Wert, den die Ausbildung der Zuwanderer aus SBZ und DDR für die Bundesrepublik hatte, [...] für die 1950er Jahre auf rund 30 Milliarden DM geschätzt".[223] Jedoch verbesserten sich durch den wirtschaftlichen Aufschwung keinesfalls die Integrationsbedingungen aller Zuwanderer, die sog. ‚GastarbeiterInnen', die ab 1955 angeworben wurden, mussten die unteren Plätze in der Hierarchie einnehmen, da sie als Nichtdeutsche klassifiziert wa-

---

[218] Ebenda 163.
[219] Ebenda.
[220] Vgl. auch zu Folgendem Wennemann 1997b: 162 f. Ähnlich erging es ja auch den ChilenInnen in der deutschen Botschaft in Santiago, die vom Verfassungsschutz überprüft wurden (siehe II.3.3.2.).
[221] Vgl. auch zu Folgendem Decker 1982: 40-50.
[222] Vgl. Wennemann 1997a: 113 & Schulze 2002: 73 & Decker 1982: 16-20.
[223] Wennemann 1997b: 138.

ren und zudem ihre Funktion als ‚Reservearmee' für Arbeitskräfte in Widerspruch zu einer Assimilation stand.[224]

III.1.2.2. Beginn der Integrationsforschung (1970-80)

Eine soziopolitische Auseinandersetzung mit Integration begann ab etwa Mitte der 1960er Jahre, als der Mangel an effektiven Integrationskonzepten für die ehemaligen ‚GastarbeiterInnen' in der bundesdeutschen Politik sichtbar wurde.[225] Die Soziologin Annette Treibel bezeichnet die Jahre 1965-73 als „Vorlaufphase [...] der soziologischen Ausländerforschung".[226] Es war in dieser Zeit deutlich geworden, dass es sich bei den früheren ‚GastarbeiterInnen' nun um dauerhaft in Deutschland lebende ‚AusländerInnen' handelte, deren soziale Probleme zudem dringender Lösung bedurften, um nicht zum gesellschaftlichen Konfliktpotential zu werden. Besonders die zweite und dritte Generation der GastarbeiterInnen stand dabei im Blickpunkt.[227] Verantwortliche Politiker begannen deshalb in den 1970ern, Forschungsaufträge über Integration zu vergeben.[228] Die Soziologie forschte aber nun auch mit kritischen Aspirationen, wobei sie marxistische u. ä. Ansätze zu Rate zog.[229] So entstand eine gesellschaftliche Kritik an der Ausländerpolitik der Regierung. Für die sesshaft gewordenen GastarbeiterInnen setzten sich vermehrt Wohlfahrtsverbände und Kirchen ein, in Hannover entstanden Beratungsstellen für die verschiedenen Nationalitäten.[230] Als einer der ersten deutschsprachigen Soziologen wies 1973 Hans-Joachim Hoffmann-Nowotny, der als füh-

---

[224] Vgl. Wennemann 1997a: 124 & Decker 1982: 153 & Bukow/Llaryora 1998: 180-4, die den soziogenetischen Prozess der ‚Ethnisierung' untersuchen. Zuwanderer und Einheimische konstruieren dabei Unterschiede, um sich als Gruppe zu definieren und von den ‚Anderen' abzugrenzen. Beide Seiten wirken gleich beteiligt daran mit, jedoch sind die psychischen Auswirkungen für die Zuwanderer wesentlich verheerender – sie können u. a. den Bezug zur Gegenwart verlieren, in Apathie verfallen oder psychosomatische Beschwerden bekommen.

[225] Vgl. Bade 1997: 16 f. / 33 / 38.

[226] 1999: 130.

[227] Vgl. Bommes 1997: 274-83. Treibel 1999: 129 weist darauf hin, dass von einer Generation erst dann geredet werden konnte, als der Gedanke des temporären Aufenthaltes unhaltbar geworden war. Decker 1982: 29 f. schließt aus der damaligen ‚AusländerInnenpolitik', dass die jungen Zuwanderer den erwarteten Mangel an Fachkräften ausgleichen sollten, während die erste Generation der ArbeitsmigrantInnen entweder ihre Funktion als billige Arbeitskräfte behalten oder in die Heimatländer zurückkehren sollte.

[228] Vgl. Treibel 1999: 134 f.

[229] Vgl. Schmitter Heisler 1991: 631.

[230] Vgl. Benzler 1997: 233 f.

render Migrationsforscher gilt, darauf hin, dass Integration sich nicht eingleisig vollzieht, sondern dass die Aufnahmegesellschaft bestimmte Bedingungen schaffen muss. Eine (gefühlsmäßige) *Assimilation* erfolge erst durch eine erfolgreiche (strukturelle) *Integration.*[231] Seither sind zahlreiche Arbeiten zum Thema erschienen, die sich mit den Bedürfnissen der MigrantInnen befassen, und die gängige Migrationspolitik kritisieren.[232] Allerdings wandten sich die deutschen Soziologen von gesellschaftstheoretischen Ansätzen zur Integration ab und befassten sich diesbezüglich mit Fragen von Ethnie und Nationalität.[233]

1978 richtete die Bundesregierung das Amt des „Bundesbeauftragten der Bundesregierung für die Integration der ausländischen Arbeitnehmer und ihrer Familien" ein, deren erster Vertreter, Heinz Kühn, 1979 sein bekanntes Memorandum verfasste, in dem er Richtlinien für eine Integration vorschlug. Diese beruhten auf dem amerikanischen Dogma der eingleisigen Assimilation von den Zuwanderern in die Aufnahmegesellschaft, waren aber dennoch eine wichtige Diskussionsgrundlage für eine Verbesserung der Bedingungen von MigrantInnen.[234] Die Migrationspolitik war aber weiterhin darauf ausgerichtet, „die widersprüchlichen gesellschaftlichen Interessen vor allem unter dem Eindruck der anhaltenden wirtschaftlichen Krise aus[zu]balancier[en]".[235]

III.1.2.3. Anpassung oder Rückkehr (ab 1980)

Die kurze Phase der Integrationsversuche war 1980 wieder beendet. Da es offiziell keine ‚GastarbeiterInnen' mehr gab, waren nun alle ‚AusländerInnen' von denselben Regelungen betroffen, allerdings unterschieden sich die Möglichkeiten der ehemaligen ArbeitsmigrantInnen und der Flüchtlinge dadurch, dass erstere schon länger in Deutschland lebten und sich deshalb Integrationsversuche primär an sie richteten, während Asylsuchende vermehrt in Sammelunterkünften wohnen mussten und ohne Zukunftsaussichten waren. So begann 1980 eine ‚Versuchsreihe' von Seiten der Politik, das ‚Asylan-

[231] Vgl. Hoffmann-Nowotny 1973: 172-95.
[232] Vgl. Treibel 1999: 134.
[233] Vgl. Schmitter Heisler 1991: 631.
[234] Vgl. Treibel 1999: 62 & Decker 1982: 29. Das Amt wurde übrigens mehrmals umbenannt, neuester Stand ist „Bundesbeauftragte/r der Bundesregierung für Ausländerfragen" (vgl. Bade/Münz 2002a: 284).
[235] Decker 1982: 38.

tenproblem' durch Sachleistungskürzungen, Arbeitsverbote und andere Einschränkungen für Flüchtlinge zu ‚lösen'.[236] Am 19.06.1980 wurde das erste einjährige Arbeitsverbot verhängt, und der Terminus der ‚Integrationswilligen' — auf alle Nichtdeutschen bezogen — tauchte auf.[237] Es sollten nur diejenigen integriert werden, die willig waren sich anzupassen, und die anderen sollten in ihre Heimatländer zurückkehren. Zum 01.08.1982 trat dann das vielumstrittene neue Asylverfahrensgesetz in Kraft, welches die soziale Situation der Asylsuchenden weiter verschlechterte, da sie in ihrer Bewegungsfreiheit eingeschränkt wurden und Sozialhilfe in Form von Sachleistungen bekamen.[238] Selbst die zuvor als vorbildlich geltenden Eingliederungshilfen für AussiedlerInnen wurden Anfang 1988 stark gekürzt.[239]

Die Einschränkungen der 1980er Jahre waren die Vorankündigung des neuen Ausländergesetztes von 1990.[240] Dieses sollte größere Rechtssicherheit für die in Deutschland lebenden ‚AusländerInnen' bringen, und schien auf den ersten Blick auch die Integration zu fördern, z. B. was die Einbürgerung angeht, die v. a. für die junge Generation vereinfacht wurde. Unter Integration verstand der Gesetzgeber jedoch weiterhin die Anpassung an die herrschenden Normen in Deutschland. Politische Organisationen konnten nach Ermessen des Staates verboten werden, volle Bürgerrechte waren mit dem Annehmen der deutschen Staatsangehörigkeit verbunden. „Die „Rechtsansprüche w[u]rden zwar formuliert, aber die Anforderungen für ihre Wahrnehmung hochgeschraubt und zudem dem Ermessen anheimgestellt. [...] Der Tenor der Gesetzesbestimmungen [blieb] weiterhin der, dass Ausländer als potentielle Störer betrachtet werden."[241]

Parallel zu den Einschränkungen welche die politisch Verantwortlichen für die Integration von MigrantInnen trafen, forschten die Geisteswissenschaften vermehrt über Integration der ehemaligen ‚GastarbeiterInnen'. 1980 legte der Soziologe Hartmut Esser eine grundlegende, allumfassende Studie zur

---

[236] Vgl. Blahusch 1998: 165.
[237] Vgl. auch zu Folgendem Blahusch 1998: 96.
[238] Vgl. Blahusch 1998: 167.
[239] Vgl. Wennemann 1997b: 161 / 166 & Herwartz-Emden/Westphal 1997: 197. Die massenhafte Aufnahme und staatliche Unterstützung von AussiedlerInnen beweist die Aufnahmekapazität Deutschlands.
[240] Vgl. Benzler 1997: 247 / 238 f.
[241] Blahusch 1998: 89 f.

‚Wanderungssoziologie' vor, welche die weiteren Forschungen zum Thema maßgeblich beeinflusste.[242]

III.1.2.4. Neue Integrationskonzepte (seit Ende der 1990er Jahre)

Anfang der 1990er Jahre gab es — trotz zahlreicher Versuche und Ansätze — immer noch keine befriedigende Definition von Integration, „weil eindeutige politische Zielvorgaben, die sich nicht an Postulaten festklammern, sondern sich an der gesellschaftlichen Realität orientieren, bis heute [1992 – M.H.] fehlen".[243] Erst Ende der 1990er setzte sich ein neues, offeneres Verständnis von Integration durch. Es entstand unter dem Eindruck veränderter sozialer Bedingungen und der Infragestellung des Nationalstaates durch die Globalisierung; aber auch unter den allgemeinen sozialen Prämissen von mehr Toleranz und Partizipation, durch bürgerschaftliches Engagement in Migrationsfragen und durch die Anstrengungen von MigrantInnen selber.[244] Dieses neue Verständnis erachtet verschiedene „Eingliederungspfade" als möglich und beruht auf der Annahme, dass auch die Aufnahmegesellschaft verändert wird.[245] Denn Integrationsprozesse sind nicht nur „Kultur"-, sondern immer auch „Gruppenkonflikte".[246] Anders ausgedrückt sollte Integration in Bezug auf „funktionale Teilsysteme" der Gesellschaft oder als „Theorie von Klassengesellschaft" gesehen werden.[247] Aus diesem Grund plädieren ForscherInnen und BürgerrechtlerInnen für eine gemeinsame Gestaltung der Gesellschaft durch MigrantInnen und Einheimische, und „einen vielschichtigen und dialektischen Prozess der Selbst- und Fremdwahrnehmung, in dem kollektive Identitäten und Subjektpositionen konstruiert werden".[248] Die Reali-

---

[242] Der Titel lautet: *Aspekte der Wanderungssoziologie — Assimilation und Integration von Wanderern, ethnischen Gruppen und Minderheiten;* erschienen 1980 in Darmstadt.
[243] Lenz-von Traitteur 1992: 8.
[244] Vgl. Kober 2002: 131 zu den letzten beiden Punkten & vgl. Bommes 2002: 93 ff. zur Globalisierung. Er beleuchtet die Beteiligung der Migrationsforschung an der Globalisierungsdebatte „vermittels des Leitterminus ‚Transnationalismus'" (ebenda 91).
[245] Goebel/Pries 2002: 43. Ihr Modell heißt „gesellschaftliche Inkorporation" (ebenda 42), ausgehend vom ‚Transnationalismus'-Ansatz, wie ihn Bommes 2002 beschreibt und kritisiert. Vgl. auch Kober 2002: 139 f., der von „projektiver Integration" spricht & Bade 1992e: 451 ff., der Vorschläge für eine progressive Migrations- und Integrationspolitik bringt & Bukow/Llaryora 1998: 17 f. / 20 f.
[246] Treibel 1999: 111.
[247] Becker 2002: 15 & vgl. Bukow/Llaryora 1998: 17 f. / 20 f.
[248] Goebel/Pries 2002: 43.

tät politischer Entscheidungen sieht dennoch weiterhin so aus, dass die Lebensbedingungen von Menschen ohne deutsche Staatsangehörigkeit durch die Ausländergesetzgebung erschwert und sie aus dem Diskurs über sie weitgehend ausgeschlossen werden. Das trifft in besonderem Maße auf Asylsuchende zu.[249]

III.1.3. Verwendeter Integrationsbegriff

Im Folgenden skizziere ich kurz das Modell von Hoffmann-Nowotny, das sich, wie die meisten Integrationsmodelle, auf Studien über ArbeitsmigrantInnen bezieht. Aus diesem Grund übernehme ich das Modell nicht komplett, sondern habe es modifiziert, um meinem konkreten Fall gerecht zu werden.

Hoffmann-Nowotny unterscheidet zwischen *Assimilation* und *Integration*, wobei Erstes auf die Kultur bezogen ist, also auf „die Gesamtheit von Symbolen, kognitiven Mustern, Sitten und Bräuchen der Aufnahmegesellschaft" und Zweites der gesellschaftlichen „Positionenstruktur [...] zugeordnet ist".[250] Diese beinhalte die „Teilhabe an Statusdimensionen der Struktur des Einwanderungslandes [...] wie Beruf, Einkommen, Bildung, rechtliche Stellung, Vollständigkeit der Familie wie auch auf das Wohnen".[251] Die Arbeit sei eine Grundbedingung für das Erreichen anderer Statusdimensionen.[252] Der Assimilation werden Sprachvermögen, „Partizipation in Sozialsystemen" (d. i. Freundeskreis, Mitgliedschaft in Vereinen, familiäre Situation) und die Bereitschaft zur Rückkehr als herausragende Elemente zugesprochen.[253] Beide Seiten des Prozesses würden sich gegenseitig beeinflussen, jedoch seien die strukturellen, integrativen Rahmenbedingungen ausschlaggebender als die eher subjektiven Werte.[254] Ebenso würden zwei Regelmechanismen auf den

---

[249] Vgl. Benzler 1997: 213 f. / 238-48.

[250] Schöneberg 1982: 450 f. Vgl. auch zu Folgendem Hoffmann-Nowotny 1973: 172-195. Ich zitiere teilweise Schöneberg, weil sie die Theorie Hoffmann-Nowotnys gut zusammengefasst hat. Sie basierte ihre Studie auf Hoffmann-Nowotny 1973.

[251] Hoffmann-Nowotny 1982: 591.

[252] Vgl. Schöneberg 1982: 450.

[253] Schöneberg 1982: 451.

[254] Vgl. auch zu Folgendem Schöneberg 1982: 554 f. In der Studie von Schöneberg scheinen die „individuelle[n] und kulturspezifisch gegebenen Unterschiede bei den einzelnen Nationalitätengruppen nur eine sekundäre Rolle" zu spielen „für die Erklärung ihres Integrations- und Assimilationsniveaus" (1982: 555). Der Integrationsprozess werde v. a. durch die Zugangsmöglichkeiten zu den „integrativen Rangdimensionen" beeinflusst (ebenda).

Prozess einwirken: zum einen die objektiven, also gesellschaftlich festgelegten Zugangsbedingungen zu den „Positionenstrukturen", und zum anderen die subjektiven Wahrnehmungen bestimmter Handlungen von Seiten der Einheimischen und der Zuwanderer. „Die Integration der Einwanderer als Gruppe wäre [...] dann erreicht, wenn sie ihren Minoritätscharakter verloren hätte, mit anderen Worten Unterprivilegierung und Überprivilegierung nicht mehr mit zugeschriebenen Merkmalen zusammenfielen."[255]

Es kann allerdings kein einheitlicher Prozess von Integration für alle MigrantInnen postuliert werden. Gleichwohl gibt es allgemeine Faktoren, welche mehr oder minder auf die Individuen einwirken. Diese werde ich im Folgenden konkretisieren und für die ChilenInnen in Hannover genauer untersuchen. Ich verwende Hoffmann-Nowotnys Aufteilung in *strukturelle* und *kulturelle Integration*, allerdings ohne den Begriff *Assimilation* zu gebrauchen, wie ich unter III.1.1. ausgeführt habe. Dem füge ich noch persönliche und psychologische Aspekte von Integration hinzu, die in seinem Ansatz m. E. zuwenig Beachtung finden. Die persönlichen Vorraussetzungen und psychischen Aspekte der Migration sind von großer Bedeutung für den Verlauf der Integration, was ich in meinen Untersuchungen zum chilenischen Exil immer wieder bestätigt fand. Deshalb führe ich sie als eigenen Aspekt an, da gerade die ChilenInnen sich mit ihrem Exil auseinandersetzten.

Die *strukturellen Bedingungen* der Integration bestehen aus den äußeren Umständen, in welchen die MigrantInnen sich zurechtfinden müssen, und dem Zugang zur Struktur der Aufnahmegesellschaft. Diese sind durch die politische und wirtschaftliche Situation des Aufnahmelandes, die gewährten staatlichen Eingliederungshilfen und politischen Richtlinien zur Aufnahme und Integration von MigrantInnen bestimmt. Auch die Klassenherkunft der MigrantInnen beeinflusst die Bereitwilligkeit der Gesellschaft einer Öffnung ihnen gegenüber.

Unter *kulturelle Integration* fasse ich Sprache/Kommunikation, politische Partizipation, soziale Kontakte und das Verhältnis zwischen MigrantInnen und restlicher Bevölkerung. Die Teilhabe an kulturellen Einrichtungen bearbeite ich nicht, da sie sich aus den anderen Aspekten ergibt, und ich unter ‚Kultur' nicht nur Theater, Musik etc. verstehe, sondern nach Hoffmann-Nowotny die

---

[255] Hoffmann-Nowotny 1973: 194 f.

„Symbolstruktur" der Gesellschaft und die „Pluralität alternativer Lösungsmöglichkeiten für von der Gesellschaft bestimmte Probleme".[256]

Selbstverständlich ist die Dreiteilung lediglich eine Hilfskonstruktion, welche die Gliederung der Arbeit erleichtern soll. In der Realität überschneiden sich die drei Bereiche bzw. kann keine eindeutige Trennlinie gezogen werden. Ein die Realität abbildendes (und nicht sie reduzierendes) Modell wäre jedoch zu komplex.[257]

III.2. Strukturelle Integration von ChilenInnen in Hannover

III.2.1. Wirtschaftliche und politische Situation in Hannover

Hannover war von den 1960er Jahren bis Anfang der 1970er im Gegensatz zu vielen anderen bundesdeutschen Städten und Regionen in einer Aufbruchs- und Modernisierungsstimmung.[258] Besonders die Kfz-Industrie und der Wohnungsbau boomten, ebenso wurde der Bildungssektor ausgebaut. Das änderte sich jedoch 1973/4 mit der weltweiten Konjunkturkrise und einer damit zusammenhängenden Absatzkrise auf dem Automobilmarkt.[259] Der hannoversche Arbeitsmarkt war von der Kfz-Industrie abhängig, und 1975 waren bereits 40.000 Industriearbeitsplätze verloren gegangen, was einem Viertel der Stellen im Jahr 1970 entsprach. Parallel dazu stieg die Einwohnerzahl, die bis 1973 auf 510.019 gefallen war, im Jahr 1974 auf 568.843.[260] Ende 1973 gab es 5.469 Arbeitslose, Ende 1974 bereits 12.811.[261] Der Aufwärtstrend bei den Arbeitslosenzahlen hielt bis 1976 ungebrochen an und erfuhr auch danach nur unwesentlichen Rückgang. Er fiel aber nicht wieder unter den Stand von 1975. 1988 lag die Arbeitslosenquote mit 12 % über dem Bundesdurchschnitt von 8,7 %; „besonders stark von Arbeitslosigkeit betroffen" waren „Frauen, Jugendliche, [...], Akademiker, ältere Arbeitnehmer, Ausländer und Behinderte".[262]

---

[256] Hoffmann-Nowotny 1973: 173.
[257] Vgl. Treibel 1999: 112.
[258] Vgl. auch zu Folgendem Geiling 1996: 79 f.
[259] Vgl. auch zu Folgendem Mignat 1990: 122 f.
[260] Vgl. Mlynek/Röhrbein 1991: 271 f.
[261] Statistisches Amt der Landeshauptstadt Hannover, Sep/Dez 1974. Zu Folgendem vgl. die Jahrgänge 1973-1990.
[262] Mignat 1990: 124.

„[B]is in die 1970er Jahre hinein" schuf die „Modernisierungspolitik [...] materielle Anknüpfungspunkte [...] für die auch in Hannover wirksame politische Aufbruchstimmung".[263] Als Freiräume für die Entfaltung politischer oder kultureller Aktivität waren besonders die Technische Universität (später Universität Hannover), die stetig steigende Studentenzahlen verbuchen konnte, sowie die Freizeitheime, „die nach Vorbildern in Österreich, Skandinavien und der DDR als Kulturhäuser und Begegnungsstätten nicht nur allein für Jugendliche geplant wurden" zu nennen.[264] Zudem öffneten ab 1972 unabhängige, alternative Jugendzentren ihre Pforten.[265]

Die allgemein noch anhaltende (politische und wirtschaftliche) Aufbruchstimmung in Hannover trug sicherlich zu der guten Aufnahme der ChilenInnen bei. Die Unterstützerkreise reichten bis in die höheren Ebenen der SPD, die damals noch regierte. So setzten sich der hannoversche Oberbürgermeister Herbert Schmalstieg und die damalige niedersächsische Justizministerin Heidrun Alm-Merk für die ChilenInnen ein.[266] Der wesentliche Teil der Solidaritätsbewegung kam aus der ‚linken Szene', die durch die hiesigen Auseinandersetzungen um die RAF und die Frage, inwieweit diese unterstützt werden konnte, gespalten war. Ein Teil der Linken begrüßte deshalb eine Verlagerung ihrer Aktivitäten auf Chile.[267]

III.2.2. Arbeit und Ausbildung

III.2.2.1. Qualifikation, Arbeitssuche und Ausbildung

Es ist nicht möglich, eine genaue Untersuchung der Berufe aller ChilenInnen in Hannover vorzulegen, deshalb kann ich nur Tendenzen angeben. Die Mehrheit der ChilenInnen gehörte intellektuellen Kreisen der Mittelschicht an: „Das hannoversche Exil war hoch qualifiziert."[268] Es waren wenige ArbeiterInnen gekommen, weil es für sie schwieriger war nach Europa zu gelan-

[263] Geiling 1996: 80.
[264] Geiling 1996: 81.
[265] Vgl. Mlynek/Röhrbein 1991: 268 ff.
[266] Alle meine chilenischen InterviewpartnerInnen hoben das Engagement von Heidrun Alm-Merk hervor, die sich auch persönlich für die Asylbescheide Einzelner einsetzte. Sie sprach Spanisch und war bei *Amnesty International* aktiv.
[267] Jürgen Eckl am 13.01.2004.
[268] Jürgen Eckl am 13.01.2004, Abschrift der Tonbandaufnahme.

gen.[269] Zum einen fehlten ihnen finanzielle Mittel und Kontakte, und zum anderen zögerten sie vermutlich länger in ein fremdes Land zu gehen.[270] In den ersten beiden Gruppen mit zwölf Erwachsenen, die in Hannover ankamen, waren ein Ingenieur, eine Journalistin, ein Philosophie-Professor, ein Arbeiter, eine Friseuse, eine Krankenschwester und ein Parlamentssekretär.[271] Anfang Januar 1974 waren unter den 45 chilenischen Erwachsenen, die in Hannover lebten, größtenteils Studenten und Akademiker, Ärzte, Juristen, Ingenieure, ein Filmproduzent und drei Journalisten.[272]

Die ChilenInnen kamen unter dem Ausländergesetz von 1965 nach Deutschland, wodurch sie keinem Arbeitsverbot unterlagen. Das bedeutete jedoch nicht, dass auch alle eine Arbeit fanden. Im September 1974 „gesteht" Georg Curtze, Abteilungsleiter im Sozialamt, dass die Arbeitsvermittlung „‚nicht so geklappt hat, wie wir uns das vorgestellt haben. Lediglich den Akademikern – besonders den Ärzten – gelang die Rückkehr in den alten Beruf fast mühelos; schlechter sind die Aussichten für die Techniker, deprimierend für die Journalisten'".[273] Dem Artikel nach waren zu dem Zeitpunkt noch neunzehn ChilenInnen arbeitslos. Neun Arbeiter waren in hannoverschen Betrieben untergekommen, wie in einer Näherei, bei einem Gärtner oder in der Gastronomie. Eine Chilenin wusch das Bettzeug der Jugendherberge, ein Taxi- und Straßenbahnfahrer aus Santiago arbeitete in der *Üstra*-Werkstatt, da seine Deutsch-Kenntnisse noch nicht für die Busfahrerprüfung ausreichten. Die Sprachschwierigkeiten waren nach Ansicht der Zuständigen für die Stellenvermittlung im Arbeitsamt, Ursula Konitzer, der Hauptgrund für die schleppende Integration in den Arbeitsmarkt. Die ChilenInnen machten allerdings die Vorurteile der Betriebe verantwortlich, die keine „Kommunisten" einstellen wollten. Allerdings gab es auch Berufe, bei denen die Sprache sehr im Vordergrund stand, wie bei der Lehrerin (die allerdings recht schnell eine Stelle als Spanischlehrerin fand[274]) oder der Apothekerin. Deshalb sollte mit

---

[269] Vgl. *Hannoversche Allgemeine Zeitung* vom 19.12.1973 & 05./06.01.1974 & 07./08.09.1974 & 03.01.1978 & Interview mit Hannah Schuster und Anne Schneider am 07.12.2003.
[270] Vgl. Zolberg et al. 1989: 200 & Sara Rodriguez am 18.11.2003.
[271] Vgl. *Hannoversche Allgemeine Zeitung* vom 19.12.1973.
[272] Vgl. auch zu Folgendem *Hannoversche Allgemeine Zeitung* vom 05./06.01.1974.
[273] *Hannoversche Allgemeine Zeitung* vom 07./08.09.1974.
[274] Interview mit Miguel Gonzales am 22.09.2003.

außerplanmäßigen Haushaltsgeldern ein Lingua-Sprachkurs für diese ChileInnen finanziert werden, die ohne „nahezu perfekte Deutschkenntnisse keine Arbeit finden".[275]

In einigen Fällen wurden in Chile absolvierte Ausbildungen nicht anerkannt, weil entsprechende Unterlagen fehlten (nicht alle Flüchtlinge dachten bei der Flucht daran ihre Ausbildungszeugnisse mitzunehmen...). So musste eine Krankenschwester, die bereits eine ganze Abteilung geleitet hatte, nun als Pflegehelferin arbeiten, bis sie in einem Programm der MHH eine verkürzte Ausbildung zur Krankenschwester nachholen konnte.

Im Juni 1974 gab es in Hannover zwanzig chilenische Studierende, die an der Universität oder Fachhochschule ihr Studium fortsetzen oder eines anfangen wollten.[276] Die ChileInnen sollten ihre Anträge für ein Stipendium bei dem Studentenwerk der jeweiligen Universität einreichen, an der sie einen Studienplatz erhalten hatten.[277] „Das Studentenwerk wird die Anträge bearbeiten und an das Landessozialamt weiterreichen. Das Landessozialamt wird die Finanzierung übernehmen, bis die chilenischen Studenten Asyl bekommen haben. Danach wird das Studentenwerk nach dem Bundesausbildungsförderungsgesetz ein Stipendium gewähren."[278] Das genannte Gesetz, das erst am 01.01.1972 in Kraft getreten war, sah für Zuwanderer unter 35 Jahren, die „ohne als Asylberechtigte nach §28 Ausländergesetz anerkannt zu sein, ihren rechtmäßigen Aufenthalt in der Bundesrepublik zu haben," lediglich einen Deutschkurs vor, „soweit dies für die Aufnahme einer Berufstätigkeit oder einer anders finanzierten Ausbildung erforderlich ist".[279] Aus diesem Grund beantragten die ChileInnen Asyl (siehe III.2.5.).

Ebenso sorgte die *Hans-Böckler-Stiftung* des DGB dafür, dass einige ChileInnen in Hannover studieren und manche sogar promovieren konnten.[280] Jürgen Eckl und Klaus Meschkat leiteten ein Doktorandenseminar an der U-

---

[275] *Hannoversche Allgemeine Zeitung* vom 07./08.09.1974.

[276] Vgl. Schreiben des Chile-Komitees Hannover an die Otto-Bennecke-Stiftung in Bonn vom 17.06.1974; Archiv I, Ordner *Chile.*

[277] Vgl. Schreiben bezüglich Stipendium, ohne Verfasser und Empfänger (vermutlich Kultusministerium an Chile-Komitee), in: Archiv I, Ordner *Chile.*

[278] Ebenda.

[279] Der Bundesminister für Jugend, Familie und Gesundheit: *Allgemeine Verwaltungsvorschriften über die Gewährung von Beihilfen zur Eingliederung junger Zuwanderer (Sog. Garantiefonds)*; Erl. D. BMJFG v. 01.02.1972, S. 199.

[280] Alfred Klose am 22.10.2003 & Hans-Böckler-Stiftung 1981: 4 / 8.

niversität Hannover, an dem zehn ChilenInnen teilnahmen. Über die Hälfte von ihnen schaffte den Abschluss.[281]

III.2.2.2. Psychosoziale Auswirkungen der Arbeitssituation

Die Fähigkeit eines Individuums, für sich und die Familie aufzukommen, sowie die eigenen kreativen und produktiven Potentiale zu nutzen, ist essentiell für die Erhaltung der seelischen Gesundheit.[282] Bei den arbeitslosen ChilenInnen, kam zur ‚Unfähigkeit' die Familie zu ernähren noch die Unmöglichkeit hinzu, wirklich aktiv etwas für sein/ihr Volk tun zu können. Da es in Chile traditionell die Aufgabe der Männer war, die Familie zu ernähren, waren sie umso mehr betroffen, v. a. wenn ihre Frau zuerst eine Anstellung fand.[283] Durch das dadurch veränderte Rollenverhalten entstanden Konflikte, an denen viele Ehen zerbrachen.[284]

Bereits Anfang Januar 1974 machte sich laut *Hannoverscher Allgemeiner Zeitung* eine Depression unter den ChilenInnen bemerkbar, die auf ihr Untätigsein zurückzuführen war.[285] Vier Jahre später erschien in der *Hannoverschen Allgemeinen Zeitung* erneut ein Artikel, in dem über das psychische Leid der ChilenInnen berichtet wurde.[286] Darin erzählt eine Chilenin von den schweren ersten Monaten, in denen sie psychisch krank war, und erst wieder Mut schöpfte, als sie eine Arbeitsstelle in einer Fabrik bekam. Diese Arbeit war neu für sie, früher war sie Hausfrau gewesen. Eine andere Chilenin allerdings, die vorher Universitätssekretärin gewesen war, erlebte die Zeit in der Fabrik als negativ. Sie wurde aufgrund mangelnder Deutschkenntnisse herumgestoßen. Ähnlich erging es auch Isabel Montes als Pflegehelferin:

> „Ich hatte eine Oberschwester, die nach drei Wochen, als ich angefangen habe, in der MHH, die Frau passte gar nicht, dass ich so nett war und lachte mit den Patienten. [...] Ich war richtig schockiert ... heute nach zwanzig Jahren in Deutschland verstehe ich doch, was das ist.

---

[281] Jürgen Eckl am 13.01.2004.
[282] Vgl. Benzler 2002: 314.
[283] Isabel Montes am 22.12.2003.
[284] Auf die hohe Scheidungsquote wiesen mich alle meine InterviewpartnerInnen, auch in anderen Zusammenhängen, hin.
[285] Vgl. *Hannoversche Allgemeine Zeitung* vom 05./06.01.1974.
[286] Vgl. *Hannoversche Allgemeine Zeitung* vom 03.01.1978.

[...] Ich denke das ist nicht nur [die Mentalität – M.H.], das ist sehr viel Frust, was die Menschen haben.“[287]

Diejenigen, die in einem niedriger qualifizierten Beruf als vorher arbeiten mussten, litten also unter dem Statusverlust und der teilweise erniedrigenden Behandlung. Eine Ausnahme bildete der chilenische Journalist A. J. Müller-Alarcon, der freiwillig und anscheinend begeistert eine Arbeit annahm, die seiner Qualifikation nicht entsprach. Er arbeitete ab 1975 für ein paar Jahre in einem Stahlwerk. Auf die Frage, wie er dort aufgenommen wurde, da er ja nicht aus der Arbeiterklasse stammte, antwortete er:

„Ich konnte mich sowieso nicht artikulieren, weil wenn ich Deutsch sprach, nur ich wurde vielleicht einfach nur, vielleicht das war, was ich nicht richtig empfand, vielleicht das einzige vielleicht Negative, die haben mich aufgenommen wie einen Gastarbeiter. Haben mit mir genauso gesprochen wie mit einem Türken. Ja Chile war, viele wissen nicht ob in Afrika oder woanders ist. [...] Hier im Stahlwerk. Das war ganz einfache Arbeit, habe ich auch Karriere gemacht, weil ich war natürlich neugierig, habe ich Deutsch nebenbei mit meinen Arbeitskollegen gelernt, [...] Ich war nachher Springer. [...] Ich habe Kollegen abgelöst, wenn sie zur Toilette oder nicht da waren, das war schon etwas, war sehr glücklich, weil ich habe auch etwas gelernt. Und dann habe ich Menschen, die deutschen Menschen kennen gelernt. Ich glaube, ich bin ein privilegierter Ausländer gewesen, weil durch diese Tätigkeit habe ich die Arbeiter kennen gelernt, dann bin ich Student, habe Studenten kennen gelernt, dann bin ich in eine Beruf, die ganzen Freunde in eine kleine Stadt. [...] aber ich von Anfang an glücklich, weil ich habe keine Schwierigkeiten mit keinem Mensch, mit meine Arbeit, am Anfang ich habe nach und nach alles gelernt und etwas zu lernen, kann man nicht wegnehmen, wird man reich.“[288]

Aus Tabelle 3 (im Anhang) wird ersichtlich, dass zumindest ein Teil der Exilierten das Glück hatte, den alten (selbst gewählten) Beruf wieder ausüben zu können. Dies war ein wichtiger Aspekt für den Aufbau des durch die Flucht angeschlagenen Selbstbewusstseins, sowie für die Integration an sich (siehe III.4.2.). Diejenigen, die sich in Deutschland in ihrem Berufsfeld weiter bilden und Erfahrungen sammeln konnten, schafften später auch den Sprung zurück

---

[287] Isabel Montes am 22.12.2003, Abschrift der Tonbandaufnahme. Ebenda auch zu Folgendem.

[288] Interview mit A. J. Müller- Alarcon 2001: 18-20.

nach Chile besser, wie z. B. Jorge Rojas, der heute als Dozent in Concepción tätig ist.[289]

III.2.3. Zugang zu Bildung: Sprachkurse

Der damalige niedersächsische Minister für Bundesangelegenheiten, Herbert Hellmann, wollte eine schnelle ‚Integration' der ChilenInnen erreichen, wofür besonders die „Sprachbarrieren durchbrochen werden" müssten.[290] Deshalb bekamen die Flüchtlinge Intensivkurse an der Volkshochschule. Bevor diese begannen, organisierten die Jusos ehrenamtlichen Deutschunterricht mit Lehrern aus ihren Reihen.[291] Es waren dreizehn Lehrer und Studenten, die zwei Wochen lang jeden zweiten Abend ehrenamtlich Unterricht gaben, was den ChilenInnen angeblich zuwenig war.[292] Der Kurs in der Volkshochschule dauerte von Mitte/Ende Januar bis Ende März 1974.[293] Danach schlossen sich kostenlose Abendkurse an.[294] Zehn Studierende bekamen noch einen Extra-Kurs, der zehn Monate dauerte, bevor sie in der Universität anfangen konnten.[295] Anfang September 1974, als die Bundesregierung erkannt hatte, dass „die Sprachbarriere eines der wesentlichen Probleme bildet"[296], finanzierte sie von außerplanmäßigen Haushaltsgeldern einen Sprachkurs in der Lingua-Schule für diejenigen, deren Berufe in besonders hohem Maße gute Deutschkenntnisse erforderten, wie Lehrer, Apotheker und Techniker.

Einen eigenen Kurs bekamen die Flüchtlingskinder, acht an der Zahl im Alter von fünf bis elf Jahren, von Mitte Januar bis Mitte März 1974 in der Volkshochschule.[297] Sie hatten täglich drei Stunden Unterricht, eine der Lehrerinnen war deutschstämmige Chilenin. Diese wies auf Schwierigkeiten beim Erlernen des Deutschen hin, die daraus resultierten, dass die Kinder zu Hause nur Spanisch sprächen und deshalb schnell die deutschen Wörter wieder

---

[289] Dies bestätigte mir auch Jürgen Eckl am 13.01.2004.
[290] *Hannoversche Allgemeine Zeitung* vom 25.01.1974.
[291] Vgl. *Hannoversche Allgemeine Zeitung* vom 19.12.1973.
[292] Vgl. *Hannoversche Allgemeine Zeitung* vom 05./06.01.1974.
[293] Vgl. *Hannoversche Allgemeine Zeitung* vom 19.01.1974.
[294] Vgl. *Hannoversche Allgemeine Zeitung* vom 01.03.1974.
[295] Vgl. *Hannoversche Allgemeine Zeitung* vom 07./08.09.1974 & siehe III.2.2.1. zur Studienförderung.
[296] *Hannoversche Allgemeine Zeitung* vom 07./08.09.1974.
[297] Vgl. auch zu Folgendem *Hannoversche Allgemeine Zeitung* vom 01.03.1974.

vergäßen. Zudem seien sie noch in dem Stadium, in dem sie ihre Muttersprache richtig lernen mussten. Mit der Sprache wurde den Kindern auch etwas ‚deutsche Kultur' nahe gebracht, beispielsweise der Karneval, den es in Chile so nicht gab. Das Material, wie Bücher oder Bilder wurde aus einem Spendentopf bezahlt, den die Lehrerin unter Studierenden herumgehen ließ. Das Gehalt der PädagogInnen allerdings war zu dem Zeitpunkt, also Anfang März, noch ungeklärt, die Volkshochschule legte das Geld für sie aus. Nach dem Kurs sollten sich Vorbereitungskurse anschließen, die die Kinder auf den Schulbesuch vorbereiten sollten. Zu dem Zeitpunkt waren sie von der Schulpflicht befreit (der in Deutschland auch Flüchtlinge unterliegen). Die Kleinstkinder waren in städtischen Krippen untergebracht. Die angekündigten Kurse verliefen allerdings nicht wie gedacht, denn die chilenischen Schulkinder bekamen statt zwanzig nur fünf Stunden Deutschunterricht in der Woche, was der Rektor der Geschwister-Scholl-Schule, die vierzehn ChilenInnen betreute, beklagte, denn somit würde die Anpassung sehr erschwert.[298]

III.2.4. Wohnsituation

Für die ChilenInnen wurden schnell passende Quartiere gesucht, nachdem sie einige Wochen in Hotels untergekommen waren. Einige AktivistInnen der Solidaritätsbewegung hatten zwar Privatunterkünfte angeboten, aber die meisten ChilenInnen wollten anfänglich nicht in deutschen Familien wohnen, weil sie zusammenbleiben und sich nicht der zusätzlichen Belastung aussetzen wollten, sich an die deutsche Mentalität anpassen zu müssen.[299] Die ersten Wohnungen wurden Anfang/Mitte Januar 1974 bezogen. Dabei zogen Alleinstehende in Wohngemeinschaften zusammen.[300] Die Wohnungen lagen im gesamten Stadtgebiet verstreut, da nicht zur gleichen Zeit genügend Wohnungen für alle an einem Ort frei wurden. Dabei kamen die Meisten erst einmal in Stadtteile mit hohem Anteil an sozialem Wohnungsbau, wie Roderbruch, Vahrenheide oder Mühlenberg. Dies behagte einigen nicht so sehr, die Angst vor der Nachbarschaft hatten oder sich sozial herabgesetzt fühl-

---

[298] Vgl. *Hannoversche Allgemeine Zeitung* vom 07./08.09.1974.

[299] Vgl. *Arbeitsbericht des Chile-Komitees*, ohne Autor, ohne Jahr, vermutlich März 1974, zweite Version: 5; Archiv I, Ordner *Unterlagen Chile-Komitee Hannover*.

[300] Vgl. *Hannoversche Allgemeine Zeitung* vom 05./06.01.1974 & 19.01.1974.

ten.[301] Andere sahen die Einheit der ChilenInnen dadurch als gefährdet an.[302] Diese Befürchtung bestätigte sich zumindest in den ersten Jahren nicht, da sich die ChilenInnen häufig trafen. Einige ChilenInnen zogen sogar in Wohngemeinschaften mit Deutschen zusammen und integrierten sich in die alternative Szene Hannovers, ohne dass dadurch die Gruppe der ExilchilenInnen sofort auseinander gerissen wurde.[303] Ines Valdes z. B. lebte mit ihren Eltern in so einer Wohngemeinschaft, und erinnert sich an „viele Partys, Spaziergänge und Leute" in ihrer Kindheit.[304]

III.2.5. Rechtsstatus

Der Rechtsstatus der ChilenInnen war uneinheitlich, sie wurden nicht als Gruppe, sondern individuell behandelt. Sie hatten bundesweit keine automatische Asylberechtigung erhalten.[305] Als Kontingentflüchtlinge, die vor dem Kontingentflüchtlingsgesetz vom 22.07.1980 aufgenommen worden waren, hatten sie nur einen befristeten Aufenthalt, und konnten nicht die gleichen Eingliederungshilfen in Anspruch nehmen wie Asylberechtigte, die z. B. Beihilfe zum Studium und Deutschkurse bekamen.[306] Deshalb legte das Chile-Komitee an der Universität Hannover ihnen das Stellen von Anträgen nahe, die „vermutlich gesondert und beschleunigt behandelt" werden sollten.[307] Bis zum 20.06.1974 war das aber zum Teil noch nicht geschehen.[308] Dabei hatte *Amnesty International* spezielle Formulare für die ChilenInnen entwickelt, um die Bearbeitung durch die Bundesstelle für die Aufnahme von Flüchtlingen in

---

301 Isabel Montes am 22.12.2003.

302 Der/die Autor/in des Arbeitsberichtes des *Komitees für ein sozialistisches Chile* merkt dazu an, dass es eine Taktik hätte sein können, um die ChilenInnen voneinander zu trennen und somit besser zu assimilieren (vgl. ohne Autor, ohne Jahr, vermutlich März 1974, zweite Version: 4; Archiv I, Ordner *Unterlagen Chile-Komitee Hannover*).

303 Vgl. Rojas Hernández 2001: 181.

304 Interview am 23.09.2003.

305 Vgl. Amnesty International 1977b: 51.

306 Vgl. Blahusch 1998: 33, Fußnote 20. Das Kontingentflüchtlingsgesetz war eine Folge der Aufnahme eines großen Kontingents von Vietnamesen ab 1975. Demnach erhalten Kontingentflüchtlinge eine unbefristete Aufenthaltserlaubnis und eine Arbeitserlaubnis.

307 *Hannoversche Allgemeine Zeitung* vom 30.11.1973 & vgl. *Arbeitsbericht des Chile-Komitees*, ohne Autor, ohne Jahr, vermutlich März 1974, zweite Version: 6; Archiv I, Ordner *Unterlagen Chile-Komitee Hannover*.

308 Chile-Komitee Hannover: „Erklärung, betreffs Finanzierungsgarantie"; Archiv I, Ordner *Chile*.

Zirndorf zu unterstützen.[309] Der Statistik über die Anzahl und den Status der ChilenInnen in Hannover entnehme ich, dass nicht alle als Asylberechtigte anerkannt wurden (siehe Tabelle 2 im Anhang). Etwa ein Drittel der Flüchtlinge hatte in den ersten fünf Jahren nur eine befristete Aufenthaltserlaubnis, ein weiteres Drittel eine unbefristete. Nur eine Minderheit von ein bis zwei ChilenInnen erhielt die Aufenthaltsberechtigung, welche für Nichtstaatsbürger den besten Status darstellt. Hierbei sollte bedacht werden, dass im Zuge einer Familienzusammenführung eingereiste Flüchtlinge nur eine befristete Aufenthaltserlaubnis erhalten.[310] Kontingentflüchtlinge erhalten seit 1980 eine unbefristete Aufenthaltserlaubnis, jedoch sind die ChilenInnen nicht als solche aufgeführt.

Der Rechtsstatus der Flüchtlinge war recht unsicher, so stellte die Pflicht, sich regelmäßig beim Ausländeramt melden zu müssen, einen zusätzlichen Stressfaktor dar.[311] Abschiebungen gab es jedoch keine und erst Ende der 1990er wurden einzelne Asylanträge abgelehnt und eine Abschiebung angedroht (siehe Tabelle 2).

Die Frage der Staatsangehörigkeit stellte sich in den ersten Jahren des Exils nicht, da es sich ja nur um einen zeitweiligen Aufenthalt in Hannover handeln sollte. Im Laufe der Jahre nahmen Einige aus pragmatischen Gründen die deutsche an, wie Isabel Montes und ihre Tochter.[312] Letztere war staatenlos gewesen, da sie noch kein ganzes Jahr in Chile gelebt hatte und deshalb nicht die chilenische Staatsangehörigkeit erhalten konnte. Da sie in Deutschland aufgewachsen war und hier ihre Schulausbildung beenden wollte, entschied sie sich für die deutsche.

III.3. Kulturelle Integration von ChilenInnen in Hannover

III.3.1. Sprache als Selbstausdruck und Notwendigkeit

Das Beherrschen der Sprache des Aufnahmelandes ist zentral in allen Bereichen der Integration.[313] Sprache ist eines der offensichtlichsten Anzeichen

---

[309] Vgl. Fischer 2003: 35 (Interview mit Heidi Merk).
[310] Telefonische Auskunft Herrn Heines, Leiter des Ausländeramtes Hannover, am 08.12.2003.
[311] Evamarie Dietrich am 09.10.2003.
[312] Isabel Montes am 22.12.2003 auch zu Folgendem. Vgl. Quntana/Rosendahl 1987: 120 f. zur chilenischen Staatsangehörigkeit.
[313] Vgl. Schöneberg 1982: 556.

für Integration, da einerseits das Beibehalten der Muttersprache ein Stück Heimat weiterleben lässt und damit emotionalen Halt gibt; andererseits durch die neue Sprache auch neue Werte und Kulturelemente transportiert werden, und je mehr sich die MigrantInnen mit der neuen Sprache beschäftigen, auch die neuen Lebensformen erfahren.[314] Dies betrifft in besonderem Maße die Folgegenerationen der Zuwanderer, da diese von Klein auf in Kontakt mit ‚Einheimischen' treten.[315]

Auch die ChilenInnen geben die schwierige deutsche Sprache als einen wesentlichen Auslöser von Problemen mit Depression und Unwohlsein an: „Das Gefühl, dass du hast, solange du die Sprache nicht kennst, ist, dass du doch, äh, degradiert wirst. Du wirst degradiert, du wirst als Idiotin mehr oder weniger behandelt."[316] Deshalb bevorzugten die ChilenInnen spanischsprachige Länder. Für Isabel Montes z. B. war es in Argentinien (ihrem ersten E-xil) deshalb viel einfacher für sie: „Ich hab mich so gut da angepasst in Buenos Aires, dass ich auch die Sprache da gesprochen habe."[317]

Sprache ist auch eine Heimat, ein „eigener innerer Ort", der den Verlust des Heimatlandes ersetzen kann.[318] Essentielle Funktion der Sprache ist der Selbstausdruck: „Gefühle kann man nicht in einer fremden Sprache ausdrücken."[319] Wer anderen nicht seine Gefühle mitteilen kann, fühlt sich unsicher und ausgeschlossen. Er/sie ist zudem abhängig von ÜbersetzerInnen, was „von Erwachsenen als eine fast kindliche Abhängigkeit erlebt wird".[320] Bei den chilenischen Exilierten kam hinzu, dass diejenigen, die gut deutsch sprachen,

---

[314] Vgl. Kürşat-Ahlers 1993: 8, die das für die türkisch-deutschen Jugendlichen in Deutschland bestätigt. Die Mischform aus beiden Sprachen, die sie sprechen, ist „in Wirklichkeit ein Indiz dafür, dass sie sich weder mit der sie ablehnenden deutschen Gesellschaft, noch mit ihrer abgewerteten und als minderwertig abgestempelten Herkunftsgesellschaft identifizieren können"(ebenda). Die ChilenInnen identifizierten sich im Gegensatz dazu besonders stark mit Chile, der psychische Mechanismus war jedoch ein ähnlicher.

[315] Vgl. Treibel 1999: 192 f.

[316] Isabel Montes am 22.12.2003. Abschrift der Tonbandaufnahme. Ähnlich argumentierten alle von mir interviewten ChilenInnen.

[317] Isabel Montes am 22.12.2003. Abschrift der Tonbandaufnahme. Anmerkung: das Klangbild des argentinischen Spanisch, das so genannte *porteño*, ist deutlich von anderen spanischen Dialekten zu unterscheiden.

[318] Interview mit Ester Andradi in: Eisenbürger 1995: 129 f.

[319] Miguel Gonzales am 22.09.2003.

[320] Issel 1990: 84, die sich bezieht auf Augusto Murillo-Perdomo: „El Bilinguismo y los Problemas psico-sociales de los niños exiliados"; in: COLAT (Hg.): *Psicopatología de Lateinamerika Tortura y el Exilio*; Madrid, 1982: 173.

befürchteten von den anderen ChilenInnen als ‚Verräter' angesehen zu werden. Eine große Rolle spielte auch die Ablehnung dem Exilland gegenüber und der Wunsch zurück nach Chile zu gehen. Das war z. B. für Manuel Herreras ein Grund, nur spanisch zu sprechen.[321] Seine Einstellung änderte sich erst, als er anfing sich besser einzuleben und seinem Exilland auch positive Seiten abzugewinnen.

Ein Teil der ChilenInnen, der für Beruf oder Studium nicht zwingend Deutsch lernen musste, lernte es trotz jahrelanger Kurse nur minimal, um sich im Alltag zurechtzufinden.[322] Dies traf nur auf Erwachsene zu, Kinder und Jugendliche waren ja auch durch Schule und Kindergarten mehr in einem deutschsprachigen Umfeld eingebunden. Für diejenigen ChilenInnen, die arbeitslos waren oder als SpanischlehrerIn arbeiteten und sich ansonsten in der Solidaritätsbewegung engagierten, war es nicht notwendig Deutsch zu lernen, da sie überall Spanisch sprechen konnten. Viele der deutschen AktivistInnen sprachen ebenfalls Spanisch oder wollten es lernen und so gab es immer einige Deutsche, die übersetzten und Briefe etc. für die ChilenInnen verfassten.[323]

Die Unterschiede in der Notwendigkeit Deutsch zu lernen trafen zusammen mit individuellen Fähigkeiten und dem Alter, aber auch mit sozialer Prägung: so sind Akademiker mehr an intellektuelle Aktivität gewöhnt als ArbeiterInnen bzw. Menschen mit niedrigerem Bildungsniveau.[324]

III.3.2. Politische Partizipation

III.3.2.1. Organisationsformen und Ziele

Für die ChilenInnen war es selbstverständlich sich sobald wie möglich politisch zu organisieren, auch wenn sie anfänglich mit der Bewältigung des Alltags zu kämpfen hatten. Die Existenz der von Deutschen organisierten Solidaritätsbewegung und anderer linker Strukturen erleichterte den Einstieg in die politische Tätigkeit bzw. ermöglichte sie überhaupt erst; besonders in An-

---

[321] Interview am 02.10.2003 auch zu Folgendem.
[322] Vgl. auch zu Folgendem Issel 1990: 85.
[323] Hannah Schuster & Anne Schneider am 07.12.2003.
[324] Vgl. Hoffmann-Nowotny 1973: 187, der anhand von Befragungen italienischer ArbeitsmigrantInnen in der Schweiz feststellte, dass *tendenziell* ein hohes Bildungsniveau mit guten Deutschkenntnissen zusammenkommt.

betracht der rechtlichen Lage von MigrantInnen, die in Bezug auf politische Aktivitäten sehr eingeschränkt war.[325]

Da die ChilenInnen davon ausgingen, dass die Diktatur nicht von Dauer wäre, richteten sie alle Anstrengungen auf die Unterstützung des Widerstandes in der Heimat, was auch beinhaltete, Angehörige materiell zu unterstützen (z. B. durch Paketaktionen).

Tendenziell engagierten sich die ChilenInnen in den jeweiligen ‚Schwestergruppen' ihrer Partei oder Gruppe. Unorganisierte hatten es schwerer eine Bezugsgruppe zu finden, weil die Parteienzugehörigkeit ein Anknüpfungspunkt unter den ChilenInnen war. Das traf auch auf die Mitglieder des *Movimiento de la Izquierda Revolucionario* (MIR) zu. Sie waren die ersten Jahre von ihrer Partei nicht als Mitglied anerkannt, da der MIR sich zunächst nicht exilieren lassen wollte.[326] In manchen Städten bildeten sich nach einiger Zeit MIR-Zellen heraus, die u. a. illegale Heimreisen organisierten, um konkret den Widerstand in Chile zu unterstützen. In Hannover ist mir keine solche Gruppe bekannt, einem Flugblatt des AStA der Technischen Universität entnehme ich jedoch, dass am 08.04.1975 eine Veranstaltung des MIR im FZH Lister Turm stattfand.[327] Ansonsten standen die Einzelpersonen für den MIR und arbeiteten in verschiedenen Gruppen mit.

Die Frauen beteiligten sich weniger an Diskussionen und der Planung von Aktionen als die Männer, sie beschränkten sich auf das Backen der beliebten *Empanadas*, die bei öffentlichen Auftritten verkauft wurden, um Spenden zu sammeln. Im Geschlechterverhältnis spiegelte sich eine gewisse orthodoxe Haltung der Exilparteien wider. So war es in Chile zwar Teil der sozialistischen Ideologie der Parteien gewesen, für die Befreiung der Frau einzutreten, aber nur im Hinblick auf die Ausbeutung durch die Kapitalisten.[328] Der weit verbreitete *Machismo* wurde auch innerhalb linker Parteien nicht in Frage gestellt.

Eine für das (nach außen hin recht geschlossene) chilenische Exil untypische Organisationsform war der *Deutsch-Ausländische Kulturverein*, den A.

---

[325] Vgl. auch zu Folgendem Decker 1982: 40-50 / 163. Während rechte und islamitische Organisationen in den 1970ern relativ unbeachtet agieren konnten, bemühte sich die Bundesregierung, die politischen Rechte von MigrantInnen weiter einzuschränken (48-50).
[326] Melanie Esser am 18.12.2003 auch zu Folgendem.
[327] In: Archiv II, Ordner *AStA-Veröffentlichungen 1973-76.*
[328] Vgl. auch zu Folgendem Cleary-Diabuno 1983: 85 f.

J. Müller- Alarcon 1984/85 in Peine gründete. Er fungierte als Sprachrohr für die Belange von AusländerInnen und sollte die deutsche und ,ausländische' Bevölkerung miteinander bekannt machen:

> „[D]iese Leute haben überhaupt keinen Kontakt mit so genannte exotische Ausländer wie Spanier oder Südländer. Und deswegen diese Deutsch-Ausländische Kulturverein durch Veranstaltungen, die wir gemacht haben, wo Essen gab, wo Trinken, wo Tanzen gibt, also kulturelle Sachen. Dann werden die Deutschen neugierig, werden sie hinkommen, werden sie mit uns sprechen, und sie werden sagen ,aha, die Ausländer sind genauso wie andere Menschen'. Der zweite Punkt war, eine Institution zu haben, wenn hier die Behörde gegen die Ausländer [...]"[329]

Der Verein wurde natürlich in einer anderen Situation gegründet, als sie die Gruppen in Hannover vorfanden, da sich zum einen in der Kleinstadt Peine bis dahin kaum MigrantInnenorganisationen befunden hatten (außer *Amnesty International*, die sich um Flüchtlinge kümmerten) und zum anderen Herr Müller-Alarcon der einzige Chilene dort war. Somit war er darauf angewiesen, sich mit anderen Menschen als seinen Mit-Exilierten zu befassen. Zu Letzteren unterhielt er aber auch Kontakt, besuchte z. B. Seminare des DGB.

III.3.2.2. Fraktionierung und Auflösung der Exilgemeinde

Nach außen hin präsentierte sich die Exilgemeinde einheitlich, innerlich kam es aber zu häufigen Auseinandersetzungen. Das lag daran, dass die ChilenInnen aus verschiedenen Fraktionen und Parteien kamen und sich somit die Differenzen, die in Chile bereits geherrscht hatten, im Exil fortsetzten. Nach Ansicht der MiristInnen stellten die ,konventionellen' Parteien (PS, PR und PC) ein falsches Bild von Chile dar, indem sie behaupteten, dass Pinochet bald fallen würde.[330] Den MiristInnen im Gegenzug wurde vorgeworfen, aufgrund ihrer radikalen Politik die *Unidad Popular* geschwächt und somit den Putschisten indirekt geholfen zu haben. Zu einer Verschärfung der Diskussion führte, dass in der Exilsituation die vorige Lebenswelt auf ein Minimum ,geschrumpft' war und alle ,gesellschaftlichen' Konflikte nun auf engstem Raum — nämlich innerhalb der Flüchtlingsgruppe — ausgetragen wurden.

---

[329] Interview mit A. J. Müller-Alarcon 2001: 21 f.

[330] Ana García am 10.10.2003 auch zu Folgendem.

Das Sektierertum war der Solidaritätsarbeit manchmal abträglich, besonders wenn es um die Unterstützung von Projekten in Chile ging.[331] Für die Arbeit des Komitees war es daher wichtig, alle Parteien mit ihren Projekten zu berücksichtigen und keine vorzuziehen.

Die Verfassung der Diktatur von 1980, die als Zeichen einer Konsolidierung der Militärherrschaft gedeutet werden konnte, sorgte für eine vermehrte Kritik an der Einstellung der Exilparteien. In den Augen einiger ChilenInnen legten die Parteien zu viel Wert auf eine politisch orthodoxe Auslegung der Situation, und sogar die Verarbeitung der persönlichen Traumata habe nur dem Zweck dienen sollen, schnell gesund zu werden, um wieder dem ‚Kampf' beitreten zu können.[332] Diesem Druck entzogen sich schließlich einige, indem sie sich von der Exilgemeinschaft distanzierten.

Dadurch, dass die Exilparteien in den ersten Jahren der Heimatersatz waren, mussten sie, wie die Familien, alle Spannungen aushalten und kompensieren, was letztendlich zu ihrer Auflösung beitrug. Parallel dazu integrierten sich die ChilenInnen entweder in deutsche Strukturen, wie Parteien und Gewerkschaften, oder enthielten sich jeglicher politischer Arbeit. Der relativ konfliktreiche Verlauf der Auflösung zeigt, dass einige ChilenInnen sich schneller von der Exilgemeinde ablösten als andere.

III.3.2.3. Änderung der Ideologie

Eine Umsetzung der sozialistischen Ideale der ChilenInnen war in Deutschland nicht möglich, zumindest nicht in dem Maß, wie es in Chile praktiziert worden war. So fragte ein Chilene überrascht die deutschen Linken, wie sie hier „revolutionär" sein könnten, wo sie doch so gut leben würden.[333] Dies stellte ein Problem für die Exilierten dar, mit der neuen Umgebung zurechtzukommen, und auf lange Sicht war das Dilemma, als SozialistIn in einem kapitalistischen Land zu leben, nur dadurch zu lösen, Kompromisse zu schließen (siehe III.4.4.1.). So entschieden sich einige für das Aufgeben ihrer politischen Vorstellungen und für die Anpassung an eine bürgerliche politi-

---

[331] Jürgen Eckl am 13.01.2004 auch zu Folgendem.

[332] Vgl. Cleary-Diabuno 1983: 115 ff., die als Exilchilenin selbst die politischen Ansätze zur Exilpolitik kritisiert, sich aber auch auf die Meinung anderer ChilenInnen beruft.

[333] *Arbeitsbericht des Chile-Komitees*, ohne Autor, ohne Jahr, vermutlich März 1974, zweite Version: 3; Archiv I, Ordner *Unterlagen Chile-Komitee Hannover*.

sche Haltung. Andere hielten an ihren radikalen sozialistischen Einstellungen fest, in der Hoffnung bald zurückzukehren. Sie hatten vermutlich die größten Schwierigkeiten sich einzurichten, lehnten sie doch aus ideologischen Gründen die deutsche Gesellschaft ab.

Beispielhaft für die Veränderung der politischen Einstellung ist die selbstkritische Einschätzung A. J. Müller-Alarcons:

> „Wir wohnen in Andalusien unten, wo wir einen großen Teil des Jahres verbringen, es sterben täglich Leute, die flüchten von Afrika nach Spanien. Täglich 14, 15, 30 Leute, die versuchen schwimmen, um nach Europa zu kommen. Und das sind Dinge, die ich höre und sage: ‚Mensch, ich habe so eine große Finca hier. Ich könnte diese Leute unterbringen'. Aber tut man nicht. [...] wenn ich denke auch an die Kinder in dem Stadtviertel in Chile, die nichts zum Essen haben, ich kriege bis heute noch schlechtes Gewissen. Ich kann mich nicht mehr Sozialist nennen, weil ich habe schon andere Interesse, andere Gedanke und so weiter, aber trotzdem bleibe ich im Hinterkopf mit solchen Prinzipien, die ich damals hatte und für welche ich auch gekämpft habe. Natürlich, ich habe auch eine gewisse Enttäuschung. [...] ich ärgere mich, weil ich habe fast mein Leben gegeben, um für dieses System zu kämpfen. Und dieses System hat sich nachher gezeigt, dass es klappt nicht [in Bezug auf die UdSSR - M.H.]."[334]

Als Beruhigung für sein schlechtes Gewissen, gibt A. J. Müller-Alarcon an, dass er in der SPD ist und zwei chilenische Kinder monatlich mit Geld unterstützt.

> „[V]ielleicht [bin ich] nicht richtig tätig, aber hier, was soll ich kämpfen hier? [...] Deswegen, also wir sind wie wir immer sagen, alte Köpfe, wir bleiben in diese Prinzipien, und wir ärgern und kriegen Magenschmerzen. Aber es gibt Dinge, die können wir nicht machen. Ab und zu sage ich: ‚Na gut, ich habe einen Sohn, er will weiter.' Ich werde mich in Ruhe setzen, weil ich, wie gesagt, das für unsere Landsleute könnten wir was tun, aber für die anderen nicht. Das werde ich hier kein Deutsche überzeugen."[335]

---

[334] Interview vom 18.09.2001; Transskript S. 15 f.

[335] Ebenda S.17 f.

III.3.3. Soziale Kontakte und Beziehungen

Die sozialen Kontakte der ChilenInnen bestanden in der ersten Zeit hauptsächlich aus ihren Mit-Exilierten und den deutschen AktivistInnen der Solidaritätsbewegung. Bei Letzteren stand die praktische Hilfe zunächst im Vordergrund (siehe II.5.1.). Die Hilfe wurde von den ChilenInnen aber nicht nur positiv bewertet, so kritisierten sie entmündigendes Verhalten einiger HelferInnen, die ihnen z. B. Wohnungen aufdrängen wollten.[336] Im Gegenzug fühlten sich manche hilfsbereite AktivistInnen von den ChilenInnen ausgenutzt.[337] Zunächst war es aber verpönt, ChilenInnen zu kritisieren oder etwas Schlechtes von ihnen zu denken, denn sie hatten solch schlimme Erfahrungen hinter sich, dass es einer/m im sicheren, reichen Deutschland Lebenden nicht zustand Kritik zu leisten. Besonders für Linke waren die ChilenInnen so etwas wie Heilige, sie wurden als Guerilleras/os gesehen, wie Ana García sich erinnert: sie sei doch nur eine ganz normale junge Frau gewesen, keine „kleine Che".[338] Die ChilenInnen erfanden „heroische" Geschichten, um ihre Identität zu bewahren. Ana García selber erzählte nicht gerne ihre Geschichte, weil sie nicht so schlimme Erfahrungen gemacht hatte, wie andere. Sie traute sich nicht, mit den Erwartungen zu brechen, die die Deutschen, durch das Bild das sie von den ChilenInnen hatten, an sie stellten.

Die deutschen ‚Solis' hatten auch ein anderes Bild von der „chilenischen Revolution".[339] „Nach jeder Veranstaltung sind wir nach Hause gegangen nach dem Motto: morgen ist Pinochet weg."[340] Der erwartete breite (und effektive!) Widerstand kam aber nicht zustande, was zu Frustration und schließlich zur Abwendung vieler deutscher AktivistInnen von der Chile-Arbeit führte. Manche Missverständnisse innerhalb der Solidaritätsbewegung resultierten daraus, dass die Deutschen einen anderen Lebensstil führten als die ChilenInnen. Sie waren größtenteils Intellektuelle und/oder alternativ lebende junge Leute, während die ChilenInnen zum Teil der ‚Elite' ihres Landes ange-

---

[336] Vgl. *Arbeitsbericht des Chile-Komitees*, ohne Autor, ohne Jahr, vermutlich März 1974, zweite Version: 5; Archiv I, Ordner *Unterlagen Chile-Komitee Hannover*.
[337] Melanie Esser am 18.12.2003 & Komitee der exilierten ChilenInnen: „Komitee der exilierten ChilenInnen an die chilenische Linke und an die Solidaritätsbewegung mit Chile"; ohne Jahr, vermutlich 1980; Archiv I, Ordner *DGB-Arbeitskreis (Arbeitspapiere)* & Martin Ostermann am 24.11.2003, der das in Münster ebenfalls erlebt hatte.
[338] Ana García am 10.10.2003 auch zu Folgendem.
[339] Ana García am 10.10.2003 auch zu Folgendem.
[340] Ebenda.

hört hatten. Auch gab es gewisse Unterschiede in der Mentalität; z. B. wunderten sich die Deutschen darüber, wie fröhlich die ChilenInnen, die gerade aus so grausamen Umständen entkommen waren, feiern und tanzen konnten. Eigentlich mussten sie doch weinen oder wütend sein. „Die begriffen einfach nicht, wie es für die ChilenInnen war, endlich einmal wieder tanzen zu können und aus sich heraus zu kommen."[341]

Die Chile-Komitees waren ein wichtiger Kontaktraum zwischen der neuen Umgebung und den alten Gewohnheiten und Denkweisen. Sie waren ein geschützter Raum, in dem die ChilenInnen zunächst als Gruppe der neuen Umwelt entgegentreten konnten. So konnten sich die Exilierten zunächst geborgen fühlen und ihr Selbstwertgefühl erneuern, bevor sie sich verstärkt mit der deutschen Gesellschaft auseinandersetzten: „[F]ür's Überleben im Exil [muss] auch die Projektion auf die Herkunft, wenn man sich eine politische Zukunft wünscht, immer stark sein [...]. Die Identifikation, ja? Man will sich seiner Herkunft nicht entfremden."[342]

Der Übergang erwies sich jedoch als problematisch, da die breite Solidarität nach ein paar Jahren abebbte. So rief Heidrun Alm-Merk in ihrer Funktion als Sprecherin von *Amnesty International* in einem Artikel der *Hannoverschen Allgemeinen Zeitung* vom 03.01.1978 dazu auf, moralische Unterstützung zu leisten. Durch das Zerbrechen vieler Ehen seien besonders die allein erziehenden Mütter und deren Kinder in Mitleidenschaft gezogen. Es wurden deshalb Patenschaften für die Kinder und Kontaktgruppen für die vereinsamten Mütter gesucht, die in Chile in Großfamilien herangewachsen und nun auf sich gestellt waren. Die HannoveranerInnen hatten sich zwar anfänglich engagiert, aber es beständen nach vier Jahren kaum private Kontakte zwischen Deutschen und ChilenInnen.

Isabel Montes schildert ihre ersten Kontakte mit Deutschen (1978) in der Kinderhilfe Chile:

> „Es war auch unterschiedlich, es war ab und zu auch verwirrend, weil viele kamen und gingen, und die kamen und gingen, die haben sich wahrscheinlich etwas ganz anderes vorgestellt. Wahrscheinlich so ,oh ChilenInnen, das sind nette Leute, mit denen kann man schön feiern.' Ging's auch, ging's auch in diese Richtung, ich habe auch da Frauen

[341] Jürgen Eckl am 13.01.2004, Abschrift der Tonbandaufnahme.
[342] Ebenda.

und Männer kennen gelernt, die gerne mit uns was Privates machen wollten, so wie essen, feiern und so. Aber im allgemeinen waren die von der Kinderhilfe Chile so interessiert an der politischen Situation und auch sehr fixiert auf die Projekte, die man unterstützt hat in Chile, ne, das ist der Sinn gewesen. [...] was ich vermisst habe, dass sich die Freunde, die chilenischen Freunde und auch die in der Kinderhilfe Chile, sich nicht, also ein bisschen mehr um uns gekümmert haben. [...] Ich hatte so Situationen, in denen ich keinen hatte, der gefragt hätte, brauchst du was für die Kinder?' Weißt du, wir kamen mit zwei Kindern und zwei Koffern, im Winter, vor Weihnachten. Meine Kinder hatten die erste Wochen keine Klamotten, um rauszugehen, weil wir von Buenos Aires kamen. Da kommt mir ein bisschen trauriges Gefühl. Ich habe gedacht, wenn ich so jemanden kennen lernen würde, dann würde ich mich sofort interessieren – *Kinderhilfe* [betonend] Chile, nicht wahr? [...] Und die wussten dass wir kamen. Viele."[343]

Aufgrund der Rollenverteilung in den Familien erhielten Männer und Frauen unterschiedliche Zugänge zu einem sozialen Umfeld: „Es liegt daran, dass die Frauen mehr den Kontakt pflegen oder mehr Kontakt haben zu dieser neuen Gesellschaft, durch die Kinder."[344] Während die Männer sich auf die politische Tätigkeit konzentrierten, kümmerten sich die Frauen um ihre Kinder. Über Schule und Kindergarten konnten sie Kontakte zu anderen Müttern knüpfen und sich ihrem Umfeld öffnen. Isabel Montes z. B. organisierte in dem Kindergarten ihrer Tochter, dass die Frauen sich gegenseitig aushalfen mit der Kinderbetreuung; einige dieser Frauen kennt sie noch heute. Manche Frauen litten aber auch unter der Rollenverteilung, sie fühlten sich allein, da viele von ihnen in einer Großfamilie aufgewachsen waren, in deren sozialen Gefüge sie Verantwortung geteilt hatten. Das konnte zu Depressionen führen.[345]

III.3.4. Fremdenfeindlichkeit

Viele ChilenInnen machten Erfahrungen mit alltäglicher Fremdenfeindlichkeit; sie wurden auf der Arbeit herablassend behandelt, oder in der Straßen-

---

[343] Isabel Montes am 22.12.2003. Abschrift der Tonbandaufnahme.
[344] Ebenda.
[345] Vgl. Bericht über eine Chilenin, ohne Autor, ohne Jahr,; Archiv I, Ordner *Chile*.

bahn beschimpft.[346] Dabei waren die türkisch aussehenden ChilenInnen mehr mit solchen fremdenfeindlichen Verhaltensweisen konfrontiert, als die mitteleuropäisch aussehenden.

Die ChilenInnen und Deutschen, die an Informationsständen auf die Lage in Chile aufmerksam machen wollten, wurden von Passanten beschimpft.[347] Frau Dietrich von der Kinderhilfe Chile wurde bei einer solchen Gelegenheit einmal darauf angesprochen, dass es doch so viele Probleme hier in Deutschland gäbe, was sie sich da um Ausländer kümmere. Ähnlich erging es *Amnesty International*- MitarbeiterInnen, wie z. B. Frau Matthias, die für ihr Chile-Engagement bekannt war und nächtliche Drohanrufe erhielt.[348] Es gab viele Ressentiments gegenüber den ChilenInnen, weil sie für ‚Kommunisten' gehalten wurden.

Gewalttätige Übergriffe von Neo-Nazis auf ChilenInnen waren dagegen eher selten in Hannover. Ein Chilene, der bekannt für seine linkspolitische Einstellung war, wurde einmal von jungen Neo-Nazis angegriffen. Der geplante Überfall missglückte aber.[349] Ein anderer junger Chilene wurde einmal angegriffen, aber als die Täter merkten, dass er kein Türke war, ließen sie sofort von ihm ab.[350] Frau Dietrich berichtete mir außerdem von einer Bombe auf dem Altstadtfest, die in einem Mülleimer explodierte und den Stand der Kinderhilfe Chile sowie einen benachbarten vietnamesischen Stand in Mitleidenschaft zog. Es scheint sich dabei um eine fremdenfeindliche Tat gehandelt zu haben.

III.4. Subjektive und psychologische Faktoren der Integration von ChilenInnen in Hannover

III.4.1. Verarbeitung des Exils

„Im Exil hat man keinen Boden unter den Füßen, keinen Rückhalt."[351] So charakterisiert ein Exilierter seine damaligen Gefühle, die mit dem Verlust der Heimat und des bisherigen Lebens zusammenhingen. Dieser Zustand wird

---

[346] Sara Rodriguez am 18.11.2003 & Isabel Montes am 22.12.2003 & Miguel Gonzales am 22.09.2003 auch zu Folgendem.
[347] Evamarie Dietrich am 02.09.2003.
[348] Margot Matthias am 15.10.2003.
[349] Miguel Gonzales am 22.09.2003.
[350] Hannah Schuster und Anne Schneider am 07.12.2003.
[351] Miguel Gonzales am 22.09.2003.

auch „Entwurzelung" genannt.[352] Das Individuum verliert den Bezugsrahmen, innerhalb dessen es sich im Laufe seines Lebens verorten konnte und sich sein Ich überhaupt erst entwickelte. Deshalb tritt nach der anfänglichen Erleichterung, der Bedrohung entkommen zu sein, eine Phase des Kulturschocks ein, welches in der modernen Exilforschung als „eines der Hauptursachen der typischen Symptomatik" gesehen wird.[353] Zum Kulturschock zählt insbesondere der „Verlust sozialer und kultureller Kontexte [...] und intellektuelle[r], künstlerische[r] und politische[r] Identitäten".[354] Hinzu kommt das schlechte Gewissen den Zurückgebliebenen gegenüber, mit der sich die MigrantInnen auseinandersetzen müssen.[355]

Im Fall der ChilenInnen ist zusätzlich von einer starken Bindung an die Heimat auszugehen, da durch das gesellschaftliche Projekt der *Unidad Popular* ein hoher Grad an Partizipation bestanden hatte.[356] Der Gedanke, alles, das man selbst mit aufgebaut hatte, der Zerstörung zu überlassen, muss schwer bis unerträglich gewesen sein. Zudem sahen viele den Putsch als persönliche Niederlage, was sich in den kommenden Jahren noch verschärfte, da es nicht zu dem erwarteten Sturz der Diktatur kam.[357] So richtete sich alle Aufmerksamkeit auf die Heimat, nicht aber auf die unmittelbar zugegene Realität, was dazu führte, dass die ChilenInnen „die ersten zwei, drei Jahre im Grunde auf gepackten Koffern sitzen bleiben wollten."[358]

Den Aufenthalt in Deutschland empfanden die Exilierten überwiegend als Provisorium:

> „Keiner konnte sich das vorstellen, auch wir nicht, die wir das wissenschaftlich betrieben haben, konnte sich das vorstellen, dass diese Dik-

---

[352] Han 2000: 178 ff. Dazu gehören nach Han: „das Verlassen des umfassenden Sinnzusammenhanges sozialer Handlungen", „das Verlassen der zugehörigen Sprachgemeinschaft", das „Verlassen des identitätsbildenden Interaktionsrahmens" und die „Aufgabe der Berufsrolle".
[353] Weber 1998: 97; sowie 99 f. zur Exilsymptomatik, die gekennzeichnet ist durch Traurigkeit und Kummer und weitere Reaktionen, (die zusammen auftreten können oder vereinzelt und je nach der Persönlichkeit des Exilierten) wie Anfälle massiver Angst, Schlafstörungen, Vermeidungsverhalten, sozialer Rückzug, Empfindungslosigkeit, Übererregung, Aggressivität, Alkoholismus, Depression, Heimweh, Schwächezustände u. a. somatische Beschwerden.
[354] Weber 1998: 97.
[355] Vgl. Weber 1998: 100.
[356] Vgl. Issel 1990: 62 f.
[357] Vgl. Cleary-Diabuno 1983: 71.
[358] Jürgen Eckl am 13.01.2004, Abschrift der Tonbandaufnahme.

tatur sechzehn Jahre dauern würde. [...] diese Erfahrung, dass etwas von Dauer wird, das setzt sich mühsam gegen die eigene Emotion durch, dass man 'ne Hoffnung hat, schnell zurückzukommen."[359]

Zukunftsrelevante Entscheidungen konnten aus dieser Situation heraus kaum getroffen werden.[360] Miguel Gonzales wusste bereits sehr früh, dass er nicht „morgen" schon wieder nach Chile zurückkehren konnte, obwohl er sich verhielt, als ob das so wäre. Gleiches habe für alle seine Mit-Exilierten gegolten.

Georg Curtze, Abteilungsleiter im Sozialamt, den die *Hannoversche Allgemeine Zeitung* einen „Kenner der Flüchtlingsmentalität" nannte, sah im September 1974 voraus, dass sich die psychische Situation der Flüchtlinge verschlechtern würde, wenn die "Integrationsprobleme" weiterhin bestehen würden.[361] Damit spricht er in erster Linie die Arbeitslosigkeit der ExilantInnen an, aber auch die Geschehnisse in Chile. Von offizieller Stelle wurde anscheinend davon ausgegangen, dass die ChilenInnen sich (nach der öffentlich verwendeten Bedeutung des Wortes) ,integrieren' wollten. Diese Einstellung der öffentlichen Institutionen konnte zu Konflikten führen: Manuel Herreras berichtet aus seinem ersten Exilort in Belgien, dass er sich selbst isoliert habe, weil er Chilene sein wollte und sich von den Belgiern „nichts sagen lassen" wollte.[362] Er habe auch keine „Ämtersachen mitgemacht", hungerte dadurch zeitweise. Da er seine Familie sehr vermisst habe, sei er immer depressiv und aggressiv gewesen. Nach ein paar Jahren erst habe er sich selber integriert.

Nach der Überwindung der schweren ersten Phasen stellte das Exil auch Chancen bereit: Die ChilenInnen konnten die Zeit ihres Exils nutzen, sich weiterzubilden und ihre Rückkehr zu planen. Dieser Aspekt war ihnen zwar zunächst nicht bewusst, die Unmöglichkeit der Rückkehr zwang sie jedoch dazu, sich in ihrer neuen Umgebung einzurichten. Nach einer gewissen Zeit, die Jürgen Eckl mit etwa vier Jahren beziffert, begannen die ChilenInnen sich auf einen längeren Aufenthalt einzustellen.[363] Es konnte dann eine positive Wendung in der Einstellung der Exilierten erfolgen und das Selbstbewusstsein

---

[359] Jürgen Eckl am 13.01.2004, Abschrift der Tonbandaufnahme.
[360] Ana García am 10.10.2003 & Miguel Gonzales am 22.09.2003 auch zu Folgendem.
[361] *Hannoversche Allgemeine Zeitung* vom 07./08.09.1974.
[362] Interview am 02.10.2003 auch zu Folgendem.
[363] Interview am 13.01.2004.

konnte aus der Erfahrung gesteigert sein, sich in einer anderen Kultur zurechtgefunden zu haben. Dies hing von den Lebensbedingungen und der individuellen Sicht auf das Exil ab, ob es sich für den/die jeweiligen Betroffene/n z. B. um einen politischen Akt handelte oder einer Gefängnisstrafe gleichkam.[364] Auch die wissenschaftliche Auseinandersetzung mit dem Exil modifizierte die psychischen Möglichkeiten im Umgang mit dem Exil erheblich (siehe III.4.4.).

Nach den ersten Jahren war erkennbar, dass die ChilenInnen sich in zwei Gruppen spalteten: Die einen wollten kein Deutsch lernen und „nach chilenischer Art" leben, und die anderen „packten ihre Koffer aus" und versuchten, die Exilsituation möglichst produktiv zu gestalten.[365] Diese begannen sich langsam von der Solidaritätsbewegung zu distanzieren und sich über den Konsum der deutschen Gesellschaft anzunähern.[366] Die ChilenInnen konnten sich im Exil derlei Luxusgüter wie Geschirrspüler und Autos leisten, die in Chile der oberen Schicht vorbehalten gewesen waren. Die erste Gruppe, die weiterhin politisch aktiv blieb, sah das neue Konsumverhalten ihrer Mit-Exilierten als „bourgeois" an.[367] Sie richtete sich ganz auf die Rückkehr in die Heimat aus, die sich jedoch aufgrund der Entwicklung der Diktatur immer weiter in die Ferne verlagerte (siehe II.2.1.2. und IV.2.1.). Das führte zu einem Gefühl der Ausweglosigkeit und langfristig zu Problemen, wie Alkoholismus, Depression, Scheidung oder sogar Selbstmordversuchen.[368]

Andere, „die Wenigsten", schafften den Kompromiss zwischen Chile-Solidarität und Privatleben, „zwischen dem Alten und dem Neuen".[369] Diese setzten sich weiterhin kritisch mit den Ereignissen in Chile und der Solidaritätsbewegung auseinander, aber gleichzeitig lernten sie Deutsch und begannen, „die positiven Aspekte der deutschen Gesellschaft" wertzuschätzen.[370]

---

[364] Vgl. Cleary-Diabuno 1983: 71 f., die die Ergebnisse eines Kongresses lateinamerikanischer Exilierter in Essen referiert.
[365] Ana García am 10.10.2003 auch zu Folgendem.
[366] Vgl. auch Rojas-Hernández 2001: 180.
[367] Ana García am 10.10.2003 auch zu Folgendem & siehe III.4.4.1.
[368] Vgl. auch *Hannoversche Allgemeine Zeitung* vom 03.01.1978, die den psychischen Zustand der Exilierten als ausweglos darstellt.
[369] Rojas-Hernández 2001: 181.
[370] Rojas-Hernández 2001: 182.

„Sie vergaßen ihr Land nicht, aber sie akzeptierten die neue Realität und integrierten sich sozial und politisch [...].“[371]

Ein Phänomen des Prozesses der Verarbeitung der Exilsituation war,

> „dass die Frauen das wesentlich pragmatischer und schneller bewältigen als die Männer. Das heißt also die Männer hingen auch im chilenischen Exil lange irgendwelchen Träumen, politischen Räumen und Kurzfristigkeiten an. Die Frauen waren diejenigen, die sich darum gekümmert haben, dass ihre Kinder erstens mal ´nen Kindergarten- oder 'nen Schulplatz hatten: [...] wir sind jetzt in Deutschland, wir müssen hier in Deutschland zurechtkommen'.“[372]

Die Frauen übernahmen zwangsläufig eine wichtigere Position in der Familie, da die Männer nicht in der Lage waren, sich in der anderen Umgebung zurechtzufinden.[373] Letztere beharrten dennoch auf der traditionellen Rollenverteilung. Dieser Widerspruch spitzte sich – auch in Anbetracht der Arbeitssituation (siehe III.2.2.2.) – immer weiter zu, was zum Zerbrechen vieler Ehen führte.

Auch Ana García sei irgendwann zu dem Schluss gekommen, dass es nicht half zu jammern und Chile zu glorifizieren.[374] Dadurch habe sie sich mit dem Exil arrangieren und sich ein neues Leben in Hannover aufbauen können.

> „Die Hauptsache, die ein Mensch braucht, ist Klarheit in seinen Konzepten, seinem Glauben. Wenn du den eigenen Glauben verrätst, bist du verloren. Du kannst dann nicht mehr in den Spiegel schauen. Das ist das Leben, das ich gewählt habe, vielleicht ohne es damals zu wissen. Ich nehme die Konsequenzen auf mich, dadurch lebe ich mit meiner Trauer.“[375]

Denn überwinden könne man die Trauer nicht. Die meisten von Ana Garcías Freunden seien tot und bis heute denke sie noch oft an sie. Für ihr Land könne sie jetzt nichts mehr tun, denn die Zeit laufe gegen sie. Aber sie könne der neuen Generation ihre Erfahrungen zur Verfügung stellen: „Kämpfen lohnt immer.“[376]

---

[371] Ebenda.
[372] Jürgen Eckl am 13.01.2004, Abschrift der Tonbandaufnahme.
[373] Vgl. auch zu Folgendem Rojas Hernández 1982: 13.
[374] Ana García am 10.10.2003 auch zu Folgendem.
[375] Ana García am 10.10.2003.
[376] Ebenda.

III.4.2. Traumata und ihre Verarbeitung

Zu diesem prekären Thema war es relativ schwer, an Quellen zu gelangen, da ich aus Rücksicht auf meine InterviewpartnerInnen nicht nach dem Umgang mit eigenen Foltererfahrungen fragen wollte. Nachfolgende Ausführungen setze ich jedoch als allgemeingültig voraus, somit dürfte ein Eindruck von der psychischen Situation der Exilierten gegeben sein.

Folter dient (nach den Erkenntnissen der aktuellen Folterforschung) in erster Linie als Herrschaftsinstrument.[377] Sie soll den ‚inneren Kern' des Individuums zerstören und gleichzeitig die anderen Oppositionellen, mit einschüchtern, um jeglichen Widerstand gegen die Herrschaft zu brechen. Für das Verständnis der Situation im Exil sind die Langzeitfolgen, besonders die psychischen und sozialen, von Bedeutung, denn:

> „Nach einer Entlassung, nach dem Überleben der unmenschlichen und grausamen Misshandlungen und Qualen, ist die Folter noch nicht überstanden, die extreme Traumatisierung und ihre Folgen hat unzählige Auswirkungen auf das Leben *danach*. Mit der Entlassung sind zwar die äußeren Reize der Folter nicht mehr vorhanden, stattdessen haben sie sich aber meist bereits verinnerlicht."[378]

In der Folgezeit versucht der/die Betroffene, das Leben wieder in den Griff zu bekommen, was für gewöhnlich eine Verdrängung des Erlebten voraussetzt. Das Verdrängte tritt später in Form von psychosomatischen oder psychischen Störungen wieder auf, die oftmals einen starken Einfluss auf den Alltag des/der Betroffenen ausüben. Im Fall von Exilierten kommt die fremde Umgebung als doppelte Belastung hinzu, was retraumatisierende Folgen haben kann.[379] Die sozialen Folgen der Folter — Selbstisolation aus dem Gefühl des Nicht-Verstanden-Werdens, Probleme in der Familie, Scheidung, sexuelle Störungen, Kontaktschwierigkeiten u. a. m. — treten im Exil auch dadurch verstärkt auf, da eine fremde Umgebung und Sprache selbst bei nicht gefolterten Menschen zu mehr Misstrauen und Abkapselung führen können. Da der/die Gefolterte in vielen Fällen nicht mehr die gewohnte Rolle in der Familie oder Ehe ausüben kann, verändern sich ihre Strukturen und es kommt zu-

---

377 Vgl. auch zu Folgendem Weber 1998: 72 / 77.
378 Ebenda 84 / vgl. 85-92 zu Folgendem.
379 Vgl. ebenda 97 / 93 zu Folgendem.

sätzlich zu einem Verlust an Selbstwertgefühl.[380] Besonders hohe „Retraumatisierungsgefahren" bergen die Aufnahmeprozeduren in vielen Zielländern, die Lagerunterbringung und das politische Klima der Abwehr von Flüchtlingen, wie Ralf Weber für Deutschland nachweist.[381] Jedoch können „[s]oziale und persönlich sinnvolle Betätigungen und Kontrollmöglichkeit über das eigene, tägliche Leben [...] die Lebenssituation nachhaltig verbessern".[382]

Für die ChilenInnen in Hannover war „die Bewältigung des Alltags dermaßen hoch, dass das Durchhängen wie ein Luxus [erschien], den man sich nicht erlauben" konnte.[383] Das führte zu „massive[n] Verdrängungen".[384] Als Außenstehender, aber auch als Freund einiger der Exilierten, mit denen er häufigen Umgang hatte, machte Jürgen Eckl die Beobachtung, dass die schrecklichen Erlebnisse nach einer gewissen Zeit, in der sie verdrängt wurden, allmählich verbalisiert werden konnten. Zunächst sei das in anekdotischer Form geschehen: „[M]an belustigt[e] sich förmlich über das Leid, das man [gehabt] hatte".[385] Später hätten die Anekdoten die Gestalt eines „Heldenmythos der eigenen Biographie" angenommen.[386] In keiner dieser drei Phasen sei „das Trauma als Beängstigendes, Bedrängendes" aufgetaucht, zumindest hätten die Betroffenen das möglichst nicht nach außen getragen.[387] Zusätzlich habe die politische Tätigkeit ein Verdrängen der Traumata forciert, weil sich niemand habe ‚hängen lassen' wollen, während Freunde und Verwandte in Chile verfolgt wurden. Die psychischen Probleme seien zumeist als politische Position aufgetreten bzw. von den „politischen Konfliktlager[n]" überlagert worden.[388] Daraus resultierten Eckls Beobachtungen nach psychosomatische Beschwerden, wie Schlafstörungen oder eine erhöhte Anfälligkeit für Krankheiten. Auch Heidrun Alm-Merk bemerkte, dass es „'keinen in Hannover um politisches Asyl suchenden Chilenen [gab], der nicht

---

[380] Vgl. ebenda 94.
[381] Ebenda 99.
[382] Ebenda 101.
[383] Jürgen Eckl am 13.01.2004. Abschrift der Tonbandaufnahme.
[384] Ebenda.
[385] Ebenda.
[386] Ebenda.
[387] Ebenda, auch zu Folgendem.
[388] Ebenda.

dringend einer psychiatrischen Hilfe [bedurfte], um über das Erlebte halbwegs hinwegzukommen'".[389]

Jürgen Eckl erinnert sich an „drei, vier richtig gravierende Fälle, die richtig Berührungsangst hatten, [...] die eine regelrechte Niederkämpfung von Schockzuständen hatten".[390] Diesen habe man damals eine psychologische und medikamentöse Behandlung dringend nahe gelegt. Einzelne ChilenInnen aus Hannover seien auch in die Folterzentren in Berlin und Frankfurt, die aus der chilenischen Erfahrung entstanden waren (siehe III.4.4.2.), gegangen. In Hannover habe es einen Psychologen gegeben, der sich zum Teil ehrenamtlich um die chilenischen Flüchtlinge gekümmert habe, sowie zwei chilenische Frauenärztinnen, die sich ebenfalls als hilfreich erwiesen hätten. Andere hilfsbereite Deutsche hingegen seien daran gescheitert, die unterschiedliche Sozialisation der Latinas/os nicht in Betracht gezogen zu haben: „Mit unserer Mentalitätsgeschichte, die ja nun auch 'ne gebrochene ist, bist du da nicht sehr hilfreich."[391] Auch wenn ‚Folter' in Seminaren thematisiert wurde,

> „war da eine Abwehrhaltung da, die war wirklich gravierend. Darüber nicht zu reden, auch untereinander nicht. [...] Aber eigentümlicherweise hatten sich viele als Berufswunsch Psychologie vorgenommen. Die wollten dann in Chile als Psychologen arbeiten, nach dem Motto ‚traumatisiertes Volk auf die Couch'."[392]

Als Ausweg aus der schlimmen psychischen Situation benennt Jürgen Eckl eine politische Betätigung, Selbständigkeit und finanzielle Unabhängigkeit:

> „[M]an hat eine erschreckende Niederlage [...], man sieht kein Ende einer Diktatur, im Gegenteil, die Diktatur scheint sich zu verfestigen und auf Dauer einzurichten. [...] Die einzige Möglichkeit, das zu überstehen ist zum einen, dass man weiß, man wird gebraucht und man kann handeln, [...] und [zum anderen] man kann sich in der Gesellschaft, wie der deutschen, zurechtfinden, [...], man kann Arbeit finden und man kann davon leben. [...] Als Teil der Gesellschaft, der also arbeiten kann und von seiner Arbeit lebt."[393]

---

389 Nach *Neue Hannoversche Presse* vom 01.12.1977.
390 Interview am 13.01.2004, Abschrift der Tonbandaufnahme.
391 Ebenda.
392 Ebenda.
393 Ebenda.

III.4.3. Deutschland-Bild der ChilenInnen

Das Bild, das die Exilierten von Deutschland hatten, trug zur Integration dadurch bei, indem es ihre Einstellung der neuen Umwelt gegenüber beeinflusste. Deutschland hatte für die chilenischen Flüchtlinge ein eher negatives Image.[394] Schließlich war es das ‚Mutterland des Faschismus' und die deutsche Kolonie in Chile war ebenfalls reaktionär bis nazistisch geprägt. Für viele bestand ein Zwiespalt zwischen Ablehnung einerseits und der Dankbarkeit noch am Leben zu sein andererseits.

Die meisten der ChilenInnen, die nach Hannover kamen, hatten laut Miguel Gonzales aber auch anderes Wissen über Deutschland, wie über Geschichte und Literatur sowie den Klischees, dass es in Deutschland kalt sei und die Menschen dort sehr ordentlich wären.[395] Die Wirklichkeit habe natürlich anders ausgesehen, als das Deutschland in der Vorstellung, aber Miguel Gonzales erinnere sich nicht an viele Überraschungen. Erstaunlich sei es jedoch gewesen, dass viele Deutsche nicht auf die Fragen antworten konnten, die sich auf die nationalsozialistische Vergangenheit und deren Fortlauf in der Gegenwart bezogen (z. B. warum es keine breite Volksfront gegen die aktuellen Nazis gab). Die einzigen, die auf „unsere frechen Fragen“ hätten antworten können, seien ‚Linke' gewesen.[396]

Auch heute, nach dreißig Jahren Exil, wird Deutschland kritisch gesehen:

> „Wissen Sie, es gibt hier auch vielleicht kommt nicht das so, aber es gibt eine Heuchelei hier. Hier reden immer von Demokratie, ich bin sehr kritisch auch hier. Und ich glaube die Deutschen ab und zu müssen auch mit uns reden, Leute, die nicht zu hier gehören, weil die machen die Augen auf. Habe ich das Gefühl. Haben Sie in der Zeitung gestern gelesen. Eine Lehrerin hatte gesagt, dass endlich die Amerikaner haben eine auf die Schnauze gekriegt, plumps entlassen! Das ist keine Demokratie. Das ist genauso wie in eine Diktatur. Die Leute sagen, ich kann alles sagen was ich will, weil hier ist Demokratie, das stimmt gar nicht.“[397]

---

[394] Vgl. auch zu Folgendem Issel 1990: 69-71 & Amnesty International 1977a zu Folgendem.

[395] Miguel Gonzales am 22.09.2003, auch zu Folgendem.

[396] Ebenda.

[397] Interview mit A. J. Müller-Alarcon 2001: 12.

Im Rückblick sehen viele ChilenInnen ein, dass die typischen Klischees von Deutschen, dass sie kalt, autoritär und individualistisch seien, die Eingewöhnung verzögert hatten, denn sie erschwerten ein Verständnis der deutschen Gesellschaft.[398] Manuel Herreras resümiert, dass man das andere Land respektieren muss und nicht arrogant sein darf, um sich integrieren zu können.[399] Man müsse mit sich selber kämpfen um die neue Heimat zu akzeptieren, und nicht gleich alles ablehnen.

Generell überwog ein positives Bild von Deutschland und Hannover, das auch durch die Solidaritätsbewegung geschaffen worden war. „Dadurch dass das Exil in Deutschland auch anders (...), sehr positiv behandelt wurde, hat das tatsächlich sowohl Sympathien geweckt, aber auch zu Verankerungen geführt."[400] Dies ist nicht nur von Vorteil für die ehemaligen ExilantInnen, so gibt es in Chile nun „Gruppen von Männern und Frauen [...], die sich als Freunde Deutschlands und der Deutschen fühlen, von denen sie in Zeiten der Not das nötige Minimum an Hilfe und bisweilen auch mehr erhalten haben".[401]

III.4.4. Wissenschaftliche Auseinandersetzung mit Exil und Integration

III.4.4.1. Politischer Ansatz

Obwohl die politische Auseinandersetzung mit der Heimat Priorität hatte, befassten sich die Exilierten auch mit ihrem Exil und seinen Auswirkungen. Dabei kooperierten und verbreiteten sie ihre Studien europaweit. Da das Exil in erster Linie als Politikum verstanden wurde, überwogen in der chilenischen Deutung solche Ansätze, die es unter diesem Gesichtspunkt bearbeiten. Ein Beispiel sind die Studien von Jorge Barudy, Neuropsychiater im belgischen Exil, der das Exil als ‚Kampfperiode' verstand, und deshalb die seelische Gesundheit der einzelnen Exilierten als gemeinschaftliche Aufgabe ansah.[402]

---

398 Vgl. Rojas Hernández 2001: 180.

399 Manuel Herreras am 02.10.2003 auch zu Folgendem.

400 Jürgen Eckl am 13.01.2004.

401 Müller-Plantenberg 2001: 91.

402 Vgl. auch zu Folgendem Cleary-Diabuno 1983: 106-14. Da mir die Studien Barudys nicht im Original vorliegen, beziehe ich mich auch im Folgenden auf Frau Cleary-Diabuno, die zwei seiner Veröffentlichungen bearbeitete, die beide erschienen sind in: COLAT und CELADEC (Hg.): *Así Buscamos Rehacernos —Represión, Exilio, Trabajo Psicosocial*; Lima, 1981. „Salud Mental y Exilio Político"; 205-223. Und in Kooperation mit Darío Paez:

Barudy benannte den Konflikt zwischen der ‚revolutionären' und der ‚bürgerlichen' Ideologie als entscheidenden Faktor der psychischen Gesundheit der Flüchtlinge. Er sah die Lösung in der Entwicklung einer ‚kritischen Integration', welche ein normales Leben ohne Exilsymptomatik im Aufnahmeland, bei gleichzeitiger Ausrichtung auf die Rückkehr in den politischen Kampf in Chile, ermöglichen sollte.[403] Die Exilierten sollten der Beeinflussung durch die bürgerliche Ideologie mit einem Prozess der Bewusstmachung derselben und einer kollektiven Verarbeitung des Exils in Form von Familienseminaren und Begegnungsstätten entgegenwirken.

Auch ein Kollege Barudys, Alfonso Gonzales-Dagnino, sah in dieser Form der Exilpolitik den einzigen Weg, um das Problem des Exils zu lösen.[404] Die Veröffentlichung seiner Studie *El Exilio* im Jahre 1979 fand große Aufmerksamkeit unter den ChilenInnen in der BRD. Gonzales-Dagnino bezog sich auf die Stresstheorie Hans Selyes sowie auf die Exilerfahrungen der deutschen Flüchtlinge im Nationalsozialismus. Es verarbeiteten diejenigen Exilierten (der NS-Zeit) das Exil am schlechtesten, auf die viele oder alle der folgenden Kriterien zutrafen:

„1. - Niedriges Bildungsniveau
2. - Niedriger ökonomischer Status
3. - Beruflicher Abstieg
4. - Isolation (besonders durch Sprachschwierigkeiten)
5. - Labiler psychischer und physischer Zustand bei der Ankunft im Exilland
6. - Schwächung der politischen Ideale“[405]

Gonzales-Dagnino folgerte daraus, dass über Seminare der Bildungsstand auch in Bezug auf die Aufnahmegesellschaft erhöht, die Arbeitslosigkeit vermieden und eine eigene Kultur neben der im Aufnahmeland vorherrschenden gelebt werden müsse. Zudem sollte eine Politik der Familienzusammenführung betrieben und die Rückkehr, welche seiner Ansicht nach die einzige Lö-

---

„Integración Crítica: Meta de una Terapia Liberadora en el Exilio Latinoamericano“; 225-240.

[403] Cleary-Diabuno 1983: 113.

[404] Vgl. auch zu Folgendem Cleary-Diabuno 1983: 94-105.

[405] Ebenda 102 f.

sung der Exilproblematik darstellte, „durch eine ständige Beschäftigung mit dem Thema Chile“ vorbereitet werden.[406]

III.4.4.2. Psychologischer Ansatz

Chilenische Psychologen erkannten anhand der Erfahrungen mit ihren Mit-Exilierten Phasen des Exils bzw. des Umgangs damit. Ihre Arbeiten sollten ihren Landsleuten helfen, sich in ihrer schwierigen Lage zurechtzufinden. Auf bundesdeutscher Ebene riefen sie ein psychosoziales Zentrum für Flüchtlinge ins Leben, das von Carlos und Gabriela Corvalan (beide exilierte chilenische Psychologen) geleitet wurde, und sich in Frankfurt/M befindet. Im Hinblick auf das chilenische Exil ist das *Lateinamerikanische Kollektiv Psychosozialer Arbeit* (COLAT), das sich 1976 in Belgien gründete, von besonderer Bedeutung.[407] Innerhalb von sechs Jahren, zwischen 1976 und 1982, behandelten PsychologInnen von COLAT 600 lateinamerikanische Flüchtlinge und beobachteten dabei vier Etappen des Umgangs mit dem Exil:

Die erste Etappe sei durch eine starke Unsicherheit und ein Gefühl des Ausgeliefertseins, besonders in Bezug auf die eigene Identität, gekennzeichnet, was eine misstrauische und ängstlich-ablehnende Haltung gegenüber dem neuen Umfeld hervorrufe. „Später erkennt der Exilierte, dass seine Ängste eher Produkt seiner Phantasie als der konkreten Realität sind. Er kommt daraufhin in eine Periode der Erleichterung, der Ruhe und des Wohlbefindens.“[408] Dies sei der Ausgangspunkt für einen positiven Zugang zur neuen Umgebung, die jedoch idealisiert werde.

In der zweiten Etappe erkenne der/die Betroffene die Nachteile der neuen Gesellschaft, und die Bewältigung von Wohnungs- und Arbeitssuche, scheine unmöglich. Er/sie fühle sich gelähmt und frustriert, konzentriere alle Aktivität auf die Chile-Solidarität, „wobei er nicht selten den Bezug zum Aufnahmeland verliert. Seine Bezugswelt bleibt weiterhin die Vergangenheit und eine idealisierte Zukunft nach der Rückkehr in Chile“.[409] Die Dauer dieser schwierigen

---

[406] Ebenda 104.
[407] Vgl. auch zu Folgendem Cleary-Diabuno 1983: 62-9.
[408] Ebenda 63.
[409] Ebenda 64. Vgl. die von Bukow/Llaryora 1998: 184 (bzw. siehe Fußnote 226 in III.1.2.1.) bezeichneten Symptome, die durch den Ethnisierungsprozess ausgelöst werden, und demnach in den folgenden Phasen besser werden müssten, wenn sich der/die Betroffene eingelebt hat (was auch nach Barudy der Fall ist).

Phase hängt nach den Erfahrungen von COLAT von der persönlichen Situation ab, aber auch von der Erkenntnis, dass das Exil länger dauern würde, als zuerst angenommen.

Hiermit werde die Etappe der ‚Installation' eingeleitet, mit der Probleme wie Statusverlust oder Perspektivlosigkeit an Bedeutung gewännen.[410] Diese seien potentielle Auslöser seelischer Krankheiten.[411] COLAT

> „weist aber in diesem Zusammenhang darauf hin, dass die Gefahren bei Exilierten, die sich stark mit einem politischen Befreiungsprojekt identifizierten und über ein hohes ideologisches Niveau verfügen, viel geringer sind. Ihre politische Überzeugung verstärkt ihren psychologischen Zusammenhalt, was das Risiko, krank zu werden, erheblich verringert."[412]

Die vierte Etappe bestehe dann aus einer „partiellen Integration, wobei viele Aspekte des Aufnahmelandes als positiv betrachtet werden".[413] Sie beinhalte v. a. persönliche Chancen, wie das Kennenlernen liberalerer Wertvorstellungen. Die Realität des Aufnahmelandes werde nun als die gültige gesehen – was nicht bedeute, dass die Betroffenen sich von ihrem Wunsch der Rückkehr nach Chile lösen würden.

Diese vier Phasen korrespondieren mit einem Modell über die Gefühlswelt von MigrantInnen von Elçin Kürşat-Ahlers (siehe Anhang), wobei die zweite und dritte Phase der zweiten von Kürşat-Ahlers entsprechen, also noch weiter ausdifferenziert sind. Daraus kann gefolgert werden, dass sich dieser Abschnitt der Verarbeitung des Exils bei denen verzögert, die eine baldige Rückkehr für möglich halten – und deshalb später zu der Einsicht gelangen, dass sie sich auch mit der Realität hier auseinandersetzen müssen. Ob die Phasen auch für das hannoversche Exil gültig sind, kann ich aus meinem empirischen Material zwar nicht bestimmen, wohl aber logisch folgern.

III.4.4.3. Soziologischer Ansatz

Die dem hannoverschen Exil nächste Quelle bietet ein Aufsatz des Exilchilenen und Soziologen Jorge Rojas Hernández, der „im achten Jahr der Dikta-

---

[410] Cleary-Diabuno 1983: 64.
[411] Ralf Weber 1998: 98 f. bezeichnet das als „kumulative Traumatisierung oder Retraumatisierung".
[412] Cleary-Diabuno 1983: 65.
[413] Ebenda 68.

tur“ (im Januar 1982) unter dem Titel „Die Entwurzelten“ in Hannover erschien.[414] Der Autor thematisiert darin den Umgang seiner Landsleute mit ihrem Exil.

Die erste Phase des Exils habe demnach im Aufbau des Mutterlandes bestanden: „Wir waren ein Stückchen Land, das in ein anderes Land transplantiert worden war.“[415] Diesen Zustand erklärt Jorge Rojas mit der „erzwungene[n] Entwurzelung“, die zu einer mangelnden inneren Bereitschaft zur Eingliederung in dieses Neue, Ungewollte und zur Ablehnung der neuen Umgebung geführt habe. [416] Zudem habe das gebrochene Selbstbewusstsein wieder hergestellt werden müssen, und das sei zunächst nur über die Reproduktion des Bekannten, auch der bekannten Tätigkeiten, möglich gewesen. Da man diese Scheinrealität nicht lange habe aufrechterhalten können, seien viele politische Gruppen zerbrochen. Der „Hauptfeind“, die Diktatur, sei immer weiter in die Ferne gerückt, da der ersehnte Sturz nicht zustande kam.[417] Der Klassenkampf habe sich dadurch in die Parteien übertragen, was zu Spannungen geführt habe, die dann wiederum in die Familien getragen worden seien, da diese nun „die letzte Ecke der Heimat“ gewesen seien.[418] Das sei eine Zerreißprobe für die Familien und für die Weltsicht der Einzelnen gewesen: Das Auseinanderbrechen der alten Strukturen habe eine vermehrte Auseinandersetzung mit der deutschen Realität und einen Rückzug in den privaten Bereich gefördert.

Da es für viele nur einen sichtbaren Ausweg aus der Misere gegeben habe — nämlich die Rückkehr nach Chile, sei bei vielen die Einsicht erfolgt, doch Deutsch zu lernen, um ‚gebildeter‘ oder ‚fähiger‘ nach Chile zurückzukehren.[419] Entwurzelt geblieben seien sie dennoch. „In dieser Phase gibt es keine Heimat mehr, weder die alte noch eine neue. Der Bruch ist total!“[420] Doch genau das habe eine positive Wendung, einen Neuanfang ermöglicht, der nach den Beobachtungen Rojas Hernández’ darin lag, dass die aus der

---

[414] Rojas Hernández 1982: 15 & vgl. Han 2000: 178 ff. (bzw. siehe Fußnote 354 in I-II.4.1.) zur „Entwurzelung“ & vgl. zu Folgendem Rojas Hernández 1982: 13-5.
[415] Ebenda 13.
[416] Ebenda.
[417] Ebenda 14.
[418] Ebenda.
[419] Ebenda.
[420] Ebenda.

Mittelschicht stammenden ChilenInnen anfingen zu studieren, die ArbeiterInnen die Chance zu Umschulungen ergriffen und die chilenischen Frauen sich zusätzlich an der Frauenbewegung beteiligten.[421] Auch auf politischem Gebiet sei eine Wiederbelebung zu erkennen gewesen. Die Kämpfe in Nicaragua und El Salvador, sowie der auflebende öffentliche Widerstand in Chile, hätten zu einer Repolitisierung einiger ChilenInnen, in Verbindung mit einer Kritik an den traditionellen chilenischen Parteien, geführt. Abschließend resümiert der Autor, dass eine positive Entwicklung erkennbar gewesen sei, sich ein „positives Exil" abgezeichnet habe, aber noch seien die ChilenInnen entwurzelt gewesen.[422]

Die Beobachtungen stimmen mit den Ergebnissen meiner empirischen Untersuchungen überein, die unter III.4.1. aufgeführt sind. Die Analyse des Exils und der politischen Situation war eine Hilfe für die Exilgemeinschaft und die Individuen, da die rationale Durchdringung des Problems dieses zumindest erträglicher machte.

III.5. Zusammenfassung

Die strukturellen Bedingungen der Integration der chilenischen Flüchtlinge sind zu einem großen Teil positiv zu bewerten. Die ChilenInnen kamen in einer Zeit nach Hannover, in der bundesweit eine Phase positiver Integrationspolitik begann (siehe III.1.2.2.), auch wenn nach wie vor eine antikommunistische Grundhaltung bestand. So gab es staatliche und institutionelle Hilfen, wie Sprachkurse und Stipendien. Die These Hoffmann-Nowotnys, dass der Zugang zur gesellschaftlichen Struktur bzw. ihren Werten maßgebend für die Eingliederung ist, kann auch hier *tendenziell* nachvollzogen werden.[423] Diejenigen, die in ihrem Beruf wieder einsteigen und sich an politischen Organisationen beteiligen konnten, fanden sich in der Regel besser zurecht als diejenigen, denen der Zugang dazu verwehrt war, wobei Letzteres auch von den Folgeschäden des erlebten Traumas herrühren konnte (in diesem Punkt geht Hoffmann-Nowotny nicht genügend auf die psychischen Aspekte ein).

Die ChilenInnen initiierten eine wissenschaftliche Erforschung von Exilsymptomatik und Foltertraumata, die auch für Flüchtlinge aus anderen Län-

---

[421] Vgl. auch zu Folgendem Rojas Hernández 1982: 15.
[422] Ebenda.
[423] Vgl. Hoffmann-Nowotny 1973: 173 & Schöneberg 1982: 554 f.

dern genutzt werden kann. Sie brachten sich also nach der Definition Hoffmann-Nowotnys, dass Kultur dazu dient, gesellschaftliche Probleme zu lösen, aktiv ein, waren aber nicht in ‚der' deutschen Gesellschaft, sondern in einem spezifischen Bereich integriert.[424] Sie haben dabei mit Teilen der Bevölkerung interagiert und diese dementsprechend ebenfalls beeinflusst.

Die politische Sicht auf das Exil trug zu seinem Verständnis und seiner Bearbeitung bei. Ein spezielles Problem stellte hierbei der Übergang aus einer sozialistischen in eine kapitalistische Gesellschaft dar. Individualpsychologische Aspekte wurden durch die ideologische Verarbeitung jedoch vernachlässigt oder unterdrückt.

Die Voraussetzungen für soziale Kontakte waren durch die politische Arbeit und das positive Image, das viele Deutsche von ChilenInnen hatten, gegeben. Zudem erleichterte die gemeinsame Klassen- oder Schichtenherkunft der meisten deutschen Chile-AktivistInnen und chilenischen Exilierten die Integration.

Innerhalb der Solidaritätsbewegung war ein Ethnisierungsprozess, wie Bukow und Llaryora ihn analysieren, zu beobachten.[425] Den ChilenInnen wurden aufgrund ihrer Herkunft gewisse Eigenschaften zugeschrieben, bzw. sie schrieben sie sich selbst zu (siehe III.3.3.). Dieser Prozess konnte aber nach einiger Zeit durchbrochen werden, da sich das gegenseitige Verhältnis auf der Grundlage politischer Ansichten entwickelte. Somit stimmen meine Ergebnisse mit denen von Bukow und Llaryora überein, dass Ethnizität kein Kriterium für die Integration ist, sondern dass sie kreiert wird und als Vorwand für eine bestimmte Behandlung Anderer dient.

Am problematischsten waren die psychischen Aspekte der Integration. Diese wirkten natürlich auf das Erlernen der Sprache ein, und auf die Nutzung beruflicher Chancen, soweit diese vorhanden waren. Wenn kein Wille oder keine Kraft vorhanden war, das Exil produktiv zu nutzen, ob für Chile oder sich selbst, konnten strukturelle Möglichkeiten nichts bewirken. Keine berufliche Chance konnte die prägende Zeit der *Unidad Popular* zurückbringen, und Foltererfahrungen prägen einen Menschen für den Rest sei-

---

[424] Vgl. Hoffmann-Nowotny 1973: 173.
[425] Vgl. Bukow/Llaryora 1998: 180-4.

nes/ihres Lebens. Die gesamten Umstände von Flucht und Aufnahme sind von Einfluss auf den Integrationsprozess.

Gemessen an den Lebensumständen der meisten Asylsuchenden in der BRD kann gesagt werden, dass die ChilenInnen ‚privilegierte' Flüchtlinge waren. Ihre Integrationsprozesse können zwar nicht vereinheitlicht werden, da jedes Individuum einen eigenen Prozess durchläuft, es sind aber vier Tendenzen oder ‚Typen' erkennbar:

1) die sich allmählich an ihre neue Umgebung annäherten und letztlich hier blieben
2) die schnell zurückkehrten
3) die in beidem scheiterten
4) die sich in Hannover einlebten, ihre Zeit zur persönlichen Weiterbildung und –entwicklung nutzten und vorbereitet zurückkehrten. Diese sehen sich als in zwei Gesellschaften heimisch oder sogar als Weltbürger an.

IV. Rückkehr

IV.1. Allgemeine Einführung

IV.1.1. Die Deutsche Rückkehr-Politik ab 1973

Die deutsche Rückkehr-Politik resultiert bis heute aus dem Selbstverständnis der verantwortlichen Politiker, dass erstens die BRD kein Einwanderungsland wäre und zweitens die Aufenthalte von ArbeitsmigrantInnen und Flüchtlingen einen zeitweiligen Charakter hätten. Dass diese Annahmen nicht der Wirklichkeit entsprechen, habe ich bereits im Vorigen belegt.

Der deutsche Staat drängt seit den 1980ern verstärkt auf die Rückkehr von Asylsuchenden und anderen ‚AusländerInnen'.[426] Gleichzeitig verbietet die Menschenrechtssituation in vielen Fluchtländern eine Rückkehr, so dass ein hoher Prozentsatz derjenigen Asylsuchenden, die nicht anerkannt werden, nicht abgeschoben werden kann. Sie haben in Deutschland keinerlei Rechte und dadurch keine Handlungsmöglichkeiten. Andere MigrantInnen stellt die Bundespolitik vor die Alternative, sich den herrschenden Normen unterzuordnen oder zurückzukehren.[427]

Durch die Kontingentierung von Flüchtlingen und die Zuweisung eines unterschiedlichen Rechtsstatus für die verschiedenen MigrantInnengruppen behält sich der Staat eine Beendigung der Aufenthaltsdauer nach eigenem Ermessen vor. Die Medien unterstützen eine radikalere Rückkehr- bzw. Abschiebungspolitik insofern, als dass sie das Schreckensbild einer Überschwemmung der westlichen Welt durch Flüchtlinge verbreiten. In der Realität sieht es dagegen so aus, dass „[a]uch ‚massenhafte Abwanderung' in andere Länder in Bürgerkriegssituationen [...] immer in der Hoffnung auf Rückkehr" erfolgt.[428]

Der Beginn bundesdeutscher Rückkehr-Politik liegt im Jahr 1973; parallel zu dem Anwerbestopp sollte nämlich die Rückkehr von ehemaligen GastarbeiterInnen forciert werden.[429] Es trat allerdings das Gegenteil ein: Da das Pendeln zwischen Deutschland und Heimatland durch den Anwerbestopp

---

[426] Vgl. Stöber 1990: 70 f. zum Zeitraum von 1978-89, auch zu Folgendem & Blahusch 1998: 195-200 zu den 1990ern.

[427] Vgl. Treibel 1999: 136.

[428] Blahusch 1998: 21. Auch ArbeitsmigrantInnen rechnen fest mit einer Rückkehr in die Heimat (vgl. Pagenstecher 1996: 156).

[429] Vgl. auch zu Folgendem Treibel 1999: 152 & Pagenstecher 1996: 152 f.

nicht mehr stattfinden konnte und die Sparziele nicht so schnell erreicht werden konnten wie gedacht, holten die GastarbeiterInnen ihre Familien nach. So verlängerte sich der Aufenthalt und im Laufe der Jahre wurde die einstige Heimat vielen ebenso fremd, wie es die BRD war. 1983/84 initiierte die Bundesregierung eine Rückkehrförderung für ehemalige ‚GastarbeiterInnen', mit der jedoch die Rückkehrbereitschaft nicht gesteigert wurde.[430] Die Erkenntnis, dass die temporär im Land geduldeten Arbeitsmigranten nun auf Dauer blieben, war einer der Hauptauslöser der fremdenfeindlichen Stimmung in den 1980ern, die sich gleichermaßen auf Flüchtlinge auswirkte.

Mitte der 1980er Jahre entwarf die CDU ein Programm zur „Verhinderung der Integration und Förderung der Rückkehrbereitschaft" von Asylsuchenden. Mit der Begründung, dass viele Asylanträge abgelehnt würden, und deshalb eine vorzeitige Integration von Nachteil für die Betroffenen sei, sollte „die Betreuung der Asylsuchenden ‚Orientierungshilfen' sowie eine Unterrichtung über ihre Situation und eine Förderung der freiwilligen Rückkehrbereitschaft' bzw. ‚die Förderung zur Weiterwanderung in Drittländer' umfassen".[431] Zudem sollten z. B. nach Ansicht des baden-württembergischen Innenministeriums die Asylsuchenden Fähigkeiten erlernen, die sie wieder in ihre Heimat eingliedern helfen würden, wie Mithilfe in den Sammelunterkünften.[432] Auch die kulturellen Bräuche — und mit ihnen die Verbundenheit mit der Heimat — sollten die Flüchtlinge nicht vergessen, weshalb sie Volkstänze und Gesänge praktizieren sollten. Über die Arroganz und Unsinnigkeit dieser Vorschläge braucht wohl kein Kommentar zu folgen, sehr wohl aber über den dahinter steckenden Gedanken, dass nämlich den Urhebern klar war, dass die meisten der Asylanträge abgelehnt werden würden. Dass trotzdem die Mehrzahl der Menschen nicht abgeschoben werden durfte, und diese durch die zusätzliche Erschwerung der Eingewöhnung in Deutschland noch weiter marginalisiert wurden, scheint den Urhebern unwichtig gewesen zu sein.[433]

---

[430] Vgl. auch zu Folgendem Pagenstecher 1996: 153 / 174.

[431] Stöber 1990: 71, unter Verwendung eines Zitates von Dr. Hillermeier (CSU/Sozialmin. Bay) nach Bulletin Bayern 25+26/86, 16.12.1986, S. 23 & Bay. Staatsministerium für Arbeit und Sozialordnung: Aufnahme, 1988: 64.

[432] Vgl. Stöber 1990: 71.

[433] In der Genfer Konvention ist das sog. *Refoulment* festgelegt, d. h. dass niemand in ein Land abgeschoben werden darf, wenn sein/ihr Leben dadurch bedroht wäre.

IV.1.2. Integration und Rückkehr

Die Rückkehr ist Teil des Integrationsprozesses. Dass nicht alle MigrantInnen ihre Rückkehrwünsche auch verwirklichen, liegt an äußeren Faktoren, wie Arbeitslosigkeit in der Heimat und später kommen familiäre Gründe, wie Ausbildung des Nachwuchses und Eingewöhnung bzw. die Angst, in der Heimat nicht mehr angenommen zu werden, hinzu.[434] Zu diesen und folgenden Ergebnissen kam Cord Pagenstecher, der sich mit der Rückkehrorientierung ehemaliger ‚GastarbeiterInnen' in der BRD auseinandersetzte. Diese verwirklichten ihre Pläne zurückzukehren aus dem Grund nicht, weil „viele Migranten die erheblichen Hindernisse, die einer Rückkehr im Wege stehen, durchaus realistisch" einschätzten.[435] Sie hielten „nicht aus Naivität oder ‚Fehlanpassung', sondern aus anderen Gründen daran fest, irgendwann zurückzukehren".[436] Diese Gründe waren in erster Linie die Familie bzw. Ausbildung der Kinder, „Zufriedenheit in Deutschland" und „Furcht vor Reintegrationsproblemen".[437] Die Aufrechterhaltung der Rückkehrorientierung erfüllte zwei hauptsächliche psychische Funktionen: zum einen bot sie seelischen Rückhalt, in den Fällen der von der Fremdenfeindlichkeit in Deutschland Betroffenen und zum anderen diente sie zur Bildung und Erhaltung der ethnischen Zugehörigkeit.[438] Auch wäre eine Aufgabe des Rückkehrplanes ein Eingestehen des eigenen Scheiterns gewesen.

Für diejenigen, die die Rückkehr in die Heimat verwirklichten, stellte das die Lösung für die aussichtslos erscheinende Situation in Deutschland, die von Arbeitslosigkeit und Fremdenfeindlichkeit geprägt war, dar.[439] Die Rückkehr führte jedoch häufig in einen erneuten Ethnisierungsprozess in der Heimat. Die RückkehrerInnen waren wieder nicht zugehörig, wurden von ihren Landsleuten als ‚Deutsche' angesehen. Viele hingen durch ihre Etikettierung in Deutschland als veraltet oder konservativ geltenden Werten der Heimat an, die dort aber keine Gültigkeit mehr hatten. Sie brachten gewissermaßen ihre Probleme mit, anstatt sich von ihnen zu trennen, wobei der Mechanismus der sich selbst erfüllenden Prophezeiung wirksam wurde: denn nicht der Erfolg

---

[434] Vgl. Pagenstecher 1996: 158-64.
[435] 1996: 167.
[436] Ebenda.
[437] Ebenda 163.
[438] Vgl. Pagenstecher 1996: 168 / 170 zu Folgendem.
[439] Vgl. auch zu Folgendem Bukow/Llaryora 1998: 186 & Pagenstecher 1996: 158-60.

oder die angenommenen deutschen Werte machten die RückkehrerInnen zu Außenseitern in der (früheren) Heimat, sondern ihre „neue Identität“, die sie im Ausland erworben hatten.[440]

Bei anderen Zuwanderergruppen ist eine Rückkehr ausgeschlossen, so dass ihnen nichts anderes übrig bleibt, als sich einzuleben, wie es bei den Vertriebenen des Zweiten Weltkriegs z. B. der Fall war.[441] Diese hatten sich zunächst nicht eingliedern wollen. Doch mit der Zeit und der Einsicht, dass eine Rückkehr ausgeschlossen war, änderten sie ihre Meinung und nach wenigen Jahrzehnten waren sie, was ihren Status, Beruf etc. betraf, nicht mehr von den vorher Ansässigen zu unterscheiden. Mental sind sie aber nie richtig heimisch geworden, bezeichnen sich als „Heimatlose“ oder „-suchende“.[442] Selbst wenn also strukturelle und soziale Indikatoren von Integration, wie ökonomischer Status, Sprache oder soziale Kontakte eine weit fortgeschrittene Eingliederung in die Aufnahmegesellschaft anzeigen, können sich Zuwanderer nach wie vor fremd fühlen.

IV.2. Rückkehr unter der Militärdiktatur (bis 1989)

IV.2.1. Verlauf der Diktatur in Chile

Die Militärjunta behauptete von Beginn an, das Land wieder zur Demokratie führen zu wollen, und bemühte sich um ein gutes internationales Ansehen. Allerdings rief sie zwei Formen des Ausnahmezustands aus: den Belagerungszustand (*estado de sitio*), der bis 1978 und dann wieder von 1984-86 in Kraft war, und den Notstand (*estado de emergencia*), der bis zum Sommer 1988 in Kraft war.[443] Sie begann auch mit der Planung einer neuen Verfassung.[444] 1975 traten die ersten Anzeichen der Institutionalisierung der Diktatur auf. Die Hauptziele der Junta waren der „Kampf gegen den Marxismus“,[445] die radikale Umformung der Gesellschaft und die Einführung des Neoliberalismus. Sie begann den Ausverkauf aller staatlichen Betriebe und sorgte für

---

[440] F. Kilzer (1984): *Remigration und Reintegration griechischer Arbeitnehmer,* Bielefeld; 118; nach Bukow/Llaryora 1998: 186.
[441] Vgl. auch zu Folgendem Wennemann 1997a: 96 / 103 ff. zur Eingliederung der Vertriebenen.
[442] Schulze 2002: 86.
[443] Vgl. Holz/Wojak 2000: 172.
[444] Vgl. auch zu Folgendem Quezada Cabrera 1990: 60 f.
[445] *Decreto #1*, vom 12.09.1973, nach Holz/Wojak 2000: 172 & vgl. Quezada Cabrera 1990: 80 zu den Ausnahmezuständen.

bestmögliche Bedingungen für internationale Großkonzerne, z. B. indem sie Löhne und Sozialleistungen kürzte.[446] Durch diese Maßnahmen wollte die Junta und die mit ihr kooperierenden ‚Chicago Boys' die „Gefahr des Kommunismus" für immer aus Chile verbannen, und Chile „retten".[447] Zunächst hatte die Wirtschaftspolitik auch einigen Erfolg, jedenfalls auf kurze Sicht: so verzeichnete sie von 1976-81 einen „speculative boom", ausgelöst durch die Erhöhung der Kaufkraft durch ausländische Kredite.[448] Dadurch war das Land wieder abhängig vom Weltmarkt, und als die Kredite ausblieben, kollabierte die Wirtschaft — auf Kosten der armen Schichten. 1982/3 geriet das Land in eine tiefe Wirtschaftskrise, was zu vermehrtem Widerstand der Bevölkerung gegen die Machthaber führte und 1984 zum erneuten Ausrufen des Belagerungszustandes.

1980 veröffentlichte Pinochet den Entwurf für die neue Verfassung und ließ am 11.09. ein Plebiszit darüber abhalten, welches sie, unter undemokratischen und zweifelhaften Bedingungen, annahm. Diese neue Verfassung, sie trat am 11.03.1981 in Kraft, garantierte zwar Bürgerrechte, war aber erstens eine wirtschaftliche Verfassung des Neoliberalismus und zweitens waren viele Rechte außer Kraft gesetzt, da bis 1990 eine Übergangsphase zur Demokratie sein sollte, und der Ausnahmezustand nicht aufgehoben wurde.[449] 1986 misslang ein Attentat auf Pinochet, und es setzte eine erneute Gewaltwelle der Junta gegen das Volk ein. Die Junta hatte seit 1984 die Notwendigkeit einer Eindämmung der sozialen Kosten ihrer Wirtschaftspolitik gesehen und sich um Abhilfe bemüht. Ab 1987 schließlich gewährten IWF und Weltbank Kredite, so dass die Abhängigkeit von ausländischen (anderen) Krediten sank.[450] Chile wurde ein Musterbeispiel des von internationalen Banken gepredigten und von IWF und Weltbank vermittelten neoliberalen Modells: Die Exportrate stieg kontinuierlich bis in die 1990er hinein und der Staat hielt sich aus der Wirtschaftspolitik heraus.[451] 1990 trat der Christdemokrat Patricio Aylwin als erster gewählter Präsident nach Pinochet sein Amt an. Damit

---

[446] Vgl. auch zu Folgendem Meller 2000: 80 f.
[447] Meller 2000: 84.
[448] Meller 2000: 88.
[449] Vgl. Quezada Cabrera 1990: 61 f. / 74 / 79 / 83 f. / 89.
[450] Vgl. auch zu Folgendem Meller 2000: 121-4.
[451] Vgl. Meller 2000: 139 / 146.

war die Diktatur zwar offiziell beendet, die alten Machthaber jedoch nicht verdrängt (siehe IV.3.1.).

IV.2.2. Die Rückkehr-Politik der Junta

IV.2.2.1. Einreiseverbote bis zur Amnestie 1978

Die Junta in Chile hatte bereits im Oktober 1973 ein Dekret erlassen, das die Ausweisung aus dem Land für jede/n befugte, die/der die „Sicherheit" des Staates gefährdete, sowie die Rückkehr der Ausgewiesenen von der Erlaubnis durch die Junta abhängig machte (das *Dekret 81*). Im August 1974 kam das *Dekret 604* hinzu, das auch die Wiedereinreise derjenigen verhindern sollte, die zwar ohne Limitierung ausgereist waren, aber im Ausland „antichilenische" (d. h. gegen die Militärdiktatur gerichtete) Propaganda, verbreiteten. Die internationale Solidaritätsbewegung mit dem chilenischen Volk wurde von der Junta eine marxistische Kampagne gegen Chile genannt, und all denjenigen, die an ihr in irgendeiner Form teilnahmen, sollte die Rückkehr verweigert werden. Auch sollten die Exilierten im eigenen Land als „schlechte ChilenInnen" dargestellt werden, die nur deshalb die Heimat verlassen hätten, weil es ihnen dort nicht gefiel.[452] Durch ein Rückkehr-Listenverfahren (siehe IV.2.2.2.) wurde zudem versucht zu suggerieren, dass einige Exilierte ihre „schlechten" Ansichten über Chile inzwischen geändert hätten und sich nun an der Zusammenführung des Volkes beteiligen wollten, andere jedoch nicht.[453] Die Rechtslage änderte sich auch nicht, als am 18.04.1978 das Amnestiegesetz (*Dekret 2191*) erlassen wurde, mit dem die Junta in erster Linie all ihre Verbrechen bis zu diesem Zeitpunkt für straffrei erklärte, und wegen ihres internationalen Ansehens auch die linken ‚Straftäter', denen vor dem 10.03.1978 der Prozess gemacht worden war und die zu dem Zeitpunkt nicht inhaftiert waren. Die meisten derjenigen politischen Feinde der Junta, auf die das zutraf, befanden sich zu diesem Zeitpunkt im Ausland, denn sie waren diejenigen, die ihre Haftstrafen als „extrañamiento" (Ausweisung aus Chile) verbüßten oder als Flüchtlinge Asyl gefunden hatten.[454]

---

[452] Sara Rodriguez am 18.11.2003.

[453] Vgl. Erklärung von „Chile democrático" vom 28. 10. 1982 in Rom, Nach *Don Reca* #7, Jan/Feb 1983.

[454] Vgl. Academics for Chile 1980: 5.

IV.2.2.2. Ab 1979 unter vermehrtem internationalem Druck

Mit der Empörung über das Amnestiegesetz begann eine neue Phase der Auseinandersetzung mit der Rückkehr im Exil, aber auch in Chile selber.[455] Denn durch das Verbot der Rückkehr und die Bemühungen der Diktatur, sich international Legitimation zu verschaffen, begannen einige der Exilierten und ihre in Chile verbliebenen Angehörigen um ihre Rückkehr zu bangen. Sie hatten ja das Exil als kurzzeitigen Übergang betrachtet, und nun wurde klar, dass die Forderung für das Recht, in der Heimat zu leben, ein Teil des Kampfes gegen die Diktatur war und auch nur gegen deren Willen durchsetzbar. Eine Folge davon war die Gründung des *Comité pro Retorno* („Komitee für Rückkehr“) durch Familienmitglieder von Exilierten im Jahr 1979. Am Ende desselben Jahres legte der UNO-Sonderberichterstatter für Chile der UNO-Menschenrechtskommission einen Bericht vor, in dem er der Junta ankreidete das im Artikel 12 der *Internationalen Konvention der politischen und bürgerlichen Rechte* festgelegte Recht einer/s jeden, sich in ihrem/seinem Land aufzuhalten, zu verletzen.[456] Das sah er nicht nur als Angriff auf die Betroffenen und ihre Angehörigen an, sondern ebenso auf die junge Generation, denen das Aufwachsen in ihrer Heimat verwehrt würde.

Ein geheimes Scheiben des Außenministeriums, das kurze Zeit später, im Februar 1980, an die chilenischen Botschaften in aller Welt ging, ist als Reaktion darauf zu verstehen.[457] Die Botschafter wurden darin über die Vorgänge zur Bearbeitung von Einreiseanträgen nach Chile und die Revalidierung von Pässen instruiert. Allen denjenigen, denen ihre Staatsangehörigkeit abgenommen worden war, sollte sie nicht mehr zurückgegeben werden. Ebenso durften diejenigen, die sich an der „Kampagne gegen Chile“ beteiligten, nicht ihre Pässe verlängern, wobei die Kriterien, welche Aktivitäten darunter fielen, genau ausgeführt wurden, aber dennoch genügend Spielraum für willkürliche Entscheidungen ließen. Doch der jungen Generation, also den unter Achtzehnjährigen, war nun generell die Einreise gestattet und das Schreiben von Petitionen an die Vereinten Nationen sollte nicht als Teil der „Kampagne ge-

---

[455] Vgl. auch zu Folgendem Academics for Chile 1980: 1 & Martin Ostermann am 24.11.2003.

[456] Auch Folgendes nach Academics for Chile 1980: 10.

[457] Vgl. auch zu Folgendem Academics for Chile 1980: 5 f.

gen Chile" gelten.[458] Gleichzeitig veröffentlichte die Junta eine sog. *listado nacional*: dabei handelte es sich um eine Liste, in der die Personen namentlich genannt waren, denen die Einreise verweigert wurde. Auf dieser ersten *listado nacional* erschienen hunderte von Namen — insbesondere Sprecher der Exilparteien, ehemalige Abgeordnete der *Unidad Popular* und sonstige aktive Exilierte, wie Künstler, und auch Angehörige von Aktivisten.[459]

Weiterhin reagierte die Junta auf den internationalen Druck im Jahr 1982 mit der Einsetzung einer Kommission, welche die Einreiseerlaubnis für die Exilierten überprüfen – und diese mit der schriftlichen Anerkennung der Junta als legitime Regierung verbinden sollte.[460] Es wurde von der Kommission eine Liste mit 125 Namen veröffentlicht, die wieder einreisen durften. Künftige Erlaubnisse sollten aber von nun an vom Innen- und Justizministerium bearbeitet werden. 1983 wurden noch weitere Listen mit insgesamt 3.897 Namen veröffentlicht, eine formale Anerkennung der Diktatur wurde nun nicht mehr gefordert. Im Oktober 1983 wurde das Listenverfahren abgeschafft, Rückkehranträge mussten ab da beim jeweiligen Konsulat im Aufenthaltsland gestellt werden, und das chilenische Innenministerium entschied über sie. Im September 1984 wurde eine Liste mit 4.942 Namen von Exilierten bekannt, die nicht wieder einreisen durften. Die Militärregierung hatte sie an Fluggesellschaften verteilt, um den Verkauf von Tickets nach Chile an diese Personen zu verhindern. Diese Negativliste blieb bis Mitte 1986 bestehen, wurde jedoch mehrfach verändert. Nach dem misslungenen Attentat auf Pinochet im September 1986 erließ derselbe für kurze Zeit wieder ein Einreiseverbot, was er aber in seiner Neujahrsbotschaft 1987 widerrief, von nun an sollte fast allen ChilenInnen die Einreise erlaubt sein: Das Listensystem wurde zwar reaktiviert, jedoch war ‚nur noch' 660 Menschen die Rückkehr in ihre Heimat verboten. Am 01.09.1988 hob Pinochet das Zwangsexil auf. Die Willkür bei der Einreise von Exilierten blieb jedoch in Einzelfällen bestehen, was vermutlich Angst bei denen schüren sollte, die noch im Ausland waren. Denen, die trotz aller Gefahren zurückgingen, legte die Militärregierung „alle Hindernisse in den Weg [...], die denkbar sind" — erkannte Studien- und Berufsabschlüsse

---

[458] *Decreto #604* vom 09.08.1974, nach Academics for Chile 1980: 6.
[459] Vgl. Academics for Chile 1980: 5.
[460] Vgl. auch zu Folgendem Holz/Wojak 2000: 185 f.

nicht an, erhob übermäßig hohe Zollgebühren für mitgebrachten Hausrat, ließ Pakete nicht ankommen.[461]

IV.2.3. Organisierung und Umfang der Rückkehr aus der BRD

Die (europäische) Exilgemeinschaft verfolgte die Exiliertenpolitik der Junta und reagierte entsprechend darauf. So kursierte ein juristisches Schreiben von einem Anwalt, der in London im Exil war, das sich mit den Möglichkeiten der Rückkehr befasste. Der Autor appellierte an die Exilgemeinschaft, dass nur diejenigen sich an die chilenische Regierung wenden sollten, die auf der *listado nacional* standen, und alle anderen möglichst ohne vorherige Anfrage zurückreisen sollten. Sie konnten ansonsten Gefahr laufen, sich ein Verbot einzuholen und anzuerkennen, dass die Junta über den Aufenthaltsort der ChilenInnen entscheiden durfte.[462]

Eine individuelle Rückkehr schien zumindest sehr riskant, deshalb begannen die ChilenInnen in der BRD sich zu organisieren. So konnten alle von den Erfahrungen derjenigen profitieren, die bereits eine Rückkehr versucht hatten. Carlos Corvalan, Exilchilene in Frankfurt und Mitbegründer des dortigen *Psychosozialen Zentrums für Ausländische Flüchtlinge*, und Martin Ostermann, Sprecher des Chile-Komitees in Münster, gründeten 1984 gemeinsam das bundesweite *Deutsch-Chilenische Solidaritäts- und Rückkehrkomitee* mit Sitz in Frankfurt.[463] Die Idee dazu entstand auf dem bundesweiten Chile-Kongress in Münster im Juni 1983. Außer den beiden genannten waren noch Heiner Rosendahl aus Münster und Ivan Quintana im Vorstand dabei. Die ChilenInnen selber gründeten in etwa zwanzig Städten eigene Komitees, die mit dem Bundeskomitee zusammenarbeiteten. Es war eine primär chilenische Sache, nicht von Deutschen organisiert, auch wenn zwei Deutsche mit im Vorstand saßen. Die Arbeit der Rückkehr-Komitees bestand darin, Seminare durchzuführen, die organisatorisch und psychologisch vorbereiteten. Es wurden Fragen zum Erhalt von Renten geklärt, da die Exilierten ja nicht in Chile, zumeist aber in Deutschland, gearbeitet hatten. Auch über die verschiedenen Hilfsprogramme von internationalen Organisationen oder chilenische Behörden wurde informiert. Erstere waren teilweise aufgrund von Ver-

---

461 Quintana/Rosendahl 1987: 12.
462 Vgl. Academics for Chile 1980: 6 / 12.
463 Martin Ostermann am 24.11.2003 auch zu Folgendem.

handlungen des Rückkehr-Komitees in Frankfurt/Main mit der Bundesregierung, den Ländern, kirchlichen Hilfsorganisationen und NROs ins Leben gerufen worden.[464] Bis 1990 unterstützten diese Programme etwa 2.000 RückkehrerInnen. 1987 gab das bundesweite Rückkehr-Komitee ein Handbuch für RückkehrerInnen heraus, in dem die bürokratischen Wege beschrieben werden, die ein Rückkehrer in Chile würde beschreiten müssen, aber v. a. skizzierte es die psychologischen Probleme, mögliche Folgen der Rückkehr einer veränderten Person in ein völlig verändertes Land. Zum Zeitpunkt des Erscheinens des Handbuches lebten in der BRD etwa 1.600 asylberechtigte chilenische Flüchtlinge, was mit ihren Familien zusammen etwa 4.000 Personen ausmachte.[465] Es waren in den Jahren davor aber bereits jährlich etwa 200 Personen zurückgegangen. Die Autoren des Rückkehr-Handbuchs gingen davon aus, dass bereits ab 1977 langsam ein stetiger Rückkehrfluss einsetzte.[466] Mit der Veröffentlichung der Listen, welche den genannten Personen die Einreise nach Chile gestatteten, stieg ab 1982 die Zahl der RückkehrerInnen.[467] Bis 1989 kehrten nach Angaben von IMO und UNHCR 5.771 Exilierte aus verschiedenen Ländern zurück.[468] Bis Mitte 1991 kehrten nach Angaben der chilenischen Zeitung *Análisis* etwa 20.000 Exilierte zurück; etwa ein Drittel von ihnen mit finanzieller Unterstützung eines der Rückkehr-Programme. [469] Ausgehend von 1 Million ExilantInnen wären das 2 %.

IV.2.4. Rückkehr als Politikum

Eine massenweise Rückkehr der Exilierten sah man nur dann als möglich an, wenn die Diktatur destabilisiert wäre — oder noch besser ganz beseitigt. So reisten einige Exilierte illegal nach Chile ein, um dort den Widerstand vom Untergrund aus zu unterstützen.[470] Im Exil in der BRD wurde der politische Kampf für eine Aufnahme verfolgter ChilenInnen und den Sturz der Junta durch den politischen Kampf für „das Recht, in der Heimat zu leben" er-

---

[464] Vgl. auch zu folgender Angabe Chile-Informationsbüro e.V. 1999: 42.
[465] Auch folgende Zahlenangabe nach Quintana/Rosendahl 1987: 14.
[466] Vgl. Quintana/Rosendahl 1987: 12.
[467] Vgl. Issel 1995: 118.
[468] Nach Holz/Wojak 2000: 187.
[469] Vgl. auch zu Folgendem *Análisis* #404, 25.11.- 08.12.1991.
[470] Der Umfang der illegalen Wiedereinwanderungen ist logischerweise nicht bekannt. Ein spektakulärer Fall einer solchen Unternehmung war Miguel Littín, der unter einer falschen Identität einen Film über Chile unter der Diktatur drehen konnte (García Márquez 1987).

gänzt.[471] Der Kampf für eine kollektive Rückkehr beinhaltete selbstverständlich, die Aufmerksamkeit der Öffentlichkeit wieder auf die Zustände in Chile zu lenken. Die Rückkehr-Komitees waren eine Art Ersatz für die schwindende Solidaritätsbewegung, und auch ein Teil des Erkenntnisprozesses, dass der Widerstand in Chile nicht stark genug war, um die Zustände dort so radikal zu ändern, dass eine baldige, massenhafte Rückkehr möglich sein würde.

Für viele deutsche Aktivisten war eine Vorbereitung der Rückkehr nicht so relevant wie für die ChilenInnen, und sie waren auch verwirrt, weil die Bestrebungen, Flüchtlinge aufzunehmen, sich scheinbar mit dem Drängen nach einer massiven Rückkehr aller Exilierten widersprach.[472] In Wirklichkeit handelte es sich jedoch nicht um einen Widerspruch: Eine massenweise Rückkehr war unter den gegebenen Umständen in Chile zwar nicht möglich, aber die Forderung danach ein Teil des Kampfes gegen die Diktatur.

Ein Politikum war die Rückkehr aber nicht nur im Hinblick darauf, dass die Aufmerksamkeit auf die politische Lage in Chile gelenkt wurde, sondern auch auf die BRD: Der starke Wille zur Rückkehr wies nach Ansicht deutscher Rückkehr-Helfer darauf hin, dass Deutschland eine fremdenfeindliche Gesellschaft geblieben war, die insbesondere Asylsuchenden misstrauisch gegenüberstand.[473] Die Tatsache, dass immerhin einige Hunderte Exilierte wieder in die Heimat wollten, obwohl sie dort immer noch unter Gefahr leben mussten, sollte zum Nachdenken darüber anregen, warum sich diese Menschen hier nicht wohl fühlten. Dies ist m. E. eine einseitige Betrachtungsweise, besonders wenn man bedenkt, dass die ChilenInnen eine starke Bindung an die Heimat hatten/haben und deshalb den Wunsch auf eine baldige Rückkehr über all die Jahre hinweg aufrechterhielten.

IV.2.5. Die Problematik von Rückkehrprozess und Reintegration

IV.2.5.1. Psychische Vorbereitung auf die Rückkehr

Für alle kam eines Tages der Moment der Entscheidung, auch wenn einige ihn hinausschoben, so waren sie doch konstant mit den Abwägungen beschäftigt, was die Zukunft bringen würde und wie ihr Leben in Chile wieder

---

[471] Name der internationalen Kampagne und Titel des Handbuches, welches das Rückkehr-Komitee herausgab.
[472] Vgl. auch zu Folgendem Academics for Chile 1980: 9.
[473] Vgl. Quintana/Rosendahl 1987: 14.

aussehen würde.[474] So resümierten Carlos Corvalan und Gabriela Reyes 1987, nach einigen Jahren Erfahrung mit dem chilenischen Exil, das sie selber durchlebten, und mit dem sie sich als Psychologe/-in und Betreiber/-in des *Psychosozialen Zentrums für Ausländische Flüchtlinge* in Frankfurt am Main besonders intensiv auseinandersetzten. Ihrer Meinung nach handelte es sich bei der Rückkehr nicht um eine Tat, sondern um einen Prozess, der im Exil begonnen wurde, und dessen Gelingen auch von dem Bewusstsein abhing, mit dem der/die Betroffene an ihn heranging. Dieser Prozess könne zu einem besseren Selbstwertgefühl führen, wenn er rechtzeitig genug bewusst gemacht und angenommen werde. Dabei habe die Exilsituation großen Anteil an dem Rückkehrprozess, es seien beide nicht voneinander zu trennen. Grundlegend für das Gelingen des Prozesses auf psychologischer Ebene sei zum einen das Annehmen und Verstehen des Exils, zum anderen das Verständnis der Wiedereingliederung als einen Prozess. Das impliziere die chilenische Realität als nur noch teilweise bekannt anzusehen, sowie auch die positiven Seiten am Exil(land) zu sehen. Eine große Hilfe sei eine kollektive Vorbereitung auf die Rückkehr, da die Exilgemeinschaft von vielen als „Ersatzfamilie" definiert werde, welche sich nun durch die Rückkehr einzelner aufzulösen begann.[475] Für den Wiedereinstieg in die chilenische Gesellschaft konnte sie jedoch ihre Funktion erneut ausüben (siehe IV.2.5.2.). Ebenso wie bei der Integration wirkte sie als eine Pufferzone, die den radikalen Bruch in der Realität der RückkehrerInnen abmilderte (siehe III.3.3.). Die Ausrichtung der Exilgemeinschaft auf eine Rückkehr führte auch zu Kritik.[476] So fühlten sich einige ChilenInnen unter Druck gesetzt zurück zu müssen, obwohl sie vielleicht andere, ebenfalls legitime, Pläne hatten. Es gab eben viele unterschiedliche Interessen und politische Positionen.

Diejenigen, die sich auf die Rückkehr vorbereiteten, hatten mit Ängsten verschiedener Art zu kämpfen. Dabei spielte sicherlich die weiterhin andauernde Verfolgung Oppositioneller durch die Diktatur eine entscheidende Rolle, sie waren aber z. B. auch besorgt darüber, wie sie in ihrem Land aufgenommen werden würden. Sie fürchteten, als „Privilegierte" angesehen zu werden, die nun zurückkamen, als das Schlimmste überstanden war und gute

---

[474] Vgl. auch zu Folgendem Corvalan/Reyes 1987: 28-34.
[475] Ebenda 34.
[476] Vgl. auch zu Folgendem Cleary-Diabuno 1983: 118 f.

Posten forderten. In einer Stellungnahme, die im Handbuch für RückkehrerInnen abgedruckt war, betonten sie, dass sie nicht als „europäische Idealisten“ kommen, „sondern es [würden] die Landsleute zurückkehren, die bei anderen Völkern gelebt und gelernt haben und die den Platz einnehmen [würden], der ihnen in einer Gesellschaft zusteht, von der sie niemals ausgeschlossen sein durften“.[477]

Dass der chilenische Arbeits- und Wohnungsmarkt in einer Krise steckte, während zumindest das in Deutschland halbwegs sicher war, ebenso wie die Gesundheitsversorgung und das Bildungssystem, führte zu einem ernsthaften Konflikt für jede/n Einzelne/n. Besonders die Kinder sollten gute Zukunftsaussichten haben, was in Chile nicht so einfach schien.[478] Oftmals waren es politisch Aktive, die die genannten Probleme in Kauf nahmen, um wieder in Chile zu leben und dort politisch aktiv zu sein.[479]

IV.2.5.2. Reintegration

Eine Studie des *Zentrums für Forschung und Entwicklung der Bildung* (CIDE) aus dem Jahr 1984/5 kam zu dem Resultat, dass folgende Faktoren die Reintegration der RückkehrerInnen besonders beeinflussten: ein Arbeitsplatz, Familie, soziales Umfeld, Möglichkeit der politischen Aktivität und Partizipation in Gruppen, berufliche Qualifikation und gesellschaftlicher Status, Dauer des Exils, Empfinden des Aufnahmelandes, bzw. die Eingliederung in dasselbe und das Alter der *retornados/as*.[480] Dies zeigt, dass dieselben Faktoren wie im Verlauf der Integration von Bedeutung waren.

Die Arbeitssuche stellte das schwierigste Problem dar.[481] Hinzu kam die schwierige soziale Wiedereingliederung, die Zurückgebliebenen hegten oftmals Vorurteile gegen die aus dem ‚goldenen Exil' Kommenden.[482] Besonders Frauen, die alleine oder mit Kindern zurückkehrten, hatten es schwer, da sie sich weitergehend emanzipiert hatten als die Frauen in Chile unter der

---

[477] Quintana/Rosendahl 1987: 26.

[478] Dieses Problem erwähnten alle meine chilenischen Interviewpartner.

[479] Ergebnis einer Untersuchung von 1984/85 über RückkehrerInnen aus fünf europäischen Ländern und Kanada. Die DDR war dabei (mit der höchsten Rückkehrquote), die BRD jedoch nicht (vgl. Cariola/Rossetti 1985: 23).

[480] Vgl. Cariola/Rossetti 1985: 9 ff.

[481] Vgl. Cariola/Rossetti 1985: 27.

[482] Vgl. auch zu Folgendem Interview mit einer *retornada* am 04. 06. 2000, in: Rojas Hernández 2001: 184 f. & Isabel Montes am 22.12.2003.

Diktatur. Frauen verdienten auch generell weniger als Männer. Die RückkehrerInnen wünschten, zumindest unbewusst, dass sie als Landsleute empfangen würden und verglichen die ihnen nun gebotenen Möglichkeiten mit der Stellung, die sie vor dem Putsch gehabt hatten. Diejenigen, die nicht das Glück hatten eine qualifizierte Anstellung zu finden, was ihnen in den meisten Fällen auch in Deutschland schon nicht geglückt war, litten besonders – ein Scheitern im eigenen Land wiegt doppelt schwer.[483] Diese Menschen versuchten es daraufhin erneut in Deutschland, was oftmals ebenso scheiterte, so dass die Betroffenen das so genannte „doppelte Exil" erfuhren.[484] Es gibt ein paar solcher Fälle, die mit Selbstmord endeten.[485]

Besonders die Unsicherheit der Anstellungen, die im Chile des Neoliberalismus extrem ausgeprägt war, kontrastierte mit der sicheren Anstellung der Funktionäre der *Unidad Popular*. Die Unsicherheit der eigenen Existenzsicherung, bzw. Angst vor Abhängigkeit von Angehörigen im Falle von Arbeitslosigkeit, kam zu der dauernden, latenten Furcht vor erneuter Verfolgung hinzu. Auch wurde erneut die eigene Identität in Frage gestellt, und so manche/r fragte sich, ob sie/er halbe/r Deutsche/r geworden sei. Auch die Familie bemerkte nach Jahren erzwungener Trennung vielleicht, dass sich die RückkehrerInnen verändert hatten. Umgekehrt hatte das Exil eine konservierende Wirkung gehabt,[486] was die Einstellung zur Heimat betraf, so dass die RückkehrerInnen ihre Heimat nicht wieder erkannten. Zudem waren diese Familien, die mit Kindern aus Deutschland wiederkamen, vor das besondere Problem gestellt, dass sich die Jüngsten in Deutschland integriert hatten, oftmals das erste Mal nach Chile kamen und teilweise auch das Spanische nicht sehr gut beherrschten (siehe IV.2.6.2.).

Jorge Rojas führte am 04. 06. 2000 ein Interview mit einer *retornada* aus Hannover. Darin berichtete sie von ihren anfänglichen Schwierigkeiten bei der Wiedereingliederung. Es sei ihr sehr schwer gefallen zuzugeben, dass sie im Exil gewesen war. Sie sei aufgrund ihrer anderen Kleidung beäugt worden und es habe beruflichen Neid gegeben. Dadurch, dass sie im Exil gewesen

---

[483] Vgl. Cariola/Rossetti 1985: 25 / 27.
[484] Victor Rodriguez (1986): *Die Problematik der chilenischen Kinder im Exil am Beispiel der BRD*; Frankfurt/M, unveröffentlichte MS; nach Breuninger 1988: 166.
[485] Vertrauliche, persönliche Information an die Verfasserin (M.H.).
[486] Vgl. Calderón 1986: 20, der die Wiedereingliederung aus diesem Grunde als kaum möglich einschätzt.

war, sei sie nicht als ‚normale' Chilenin angesehen worden. Andere RückkehrerInnen hatten sich in Santiago getroffen, um über die „gute alte Zeit" in Hannover oder Hamburg zu reden, und wie lecker doch das Bier gewesen sei. Die Interviewte kritisierte, dass es sich nun mit Chile ebenso verhielte wie zum Beginn des Exils in Hannover oder Hamburg, wo sie alles schlecht gefunden und nur von Chile geschwärmt hatten. Sie sah das Problem darin, dass die meisten *retornadas/os* ihre Rückkehr nicht durchdacht hatten, nicht daran gereift waren, eben so wenig, wie sie ihre Erfahrungen im Exil analysiert hatten. Bei ihrer Arbeit für die *International Migration Organisation* (IMO), wo sie von 1985 bis 1991 RückkehrerInnen betreut hatte, habe sie dies besonders feststellen können.

Die chilenische Gesellschaft im Ganzen habe nicht die Möglichkeiten erkannt, die sie durch das erweiterte Wissen der ehemaligen Exilierten hätte haben können, und den RückkehrerInnen größtenteils den Zugang zu ihr erschwert:

> „Es kann sich keine tiefgehende Integration deines Selbst vollziehen, weil sie nicht deinen Wert anerkennen, das was du bist. Dieses ist ein gesellschaftlich sehr gespaltenes Land. Ein sozialer Sektor kennt den anderen nicht. Wir [RückkehrerInnen – M.H.] sind eine Abspaltung mehr. [...] Man lebt eingesperrt, arbeitet, hat wenige Freundschaften. [...] Deshalb kannst du dich nicht vollständig integrieren, weil du anders bist und sie dich nicht so akzeptieren. In Deutschland habe ich gelernt toleranter zu sein, eine breitere Sicht auf die Dinge und Probleme zu haben. Dort ist es möglich anders zu sein und man respektiert die Unterschiede, es gibt mehr Möglichkeiten."[487]

IV.2.6. Rückkehr aus Hannover

IV.2.6.1. Organisierung und Umfang

Nach Auskunft von Herrn Grimpe aus dem Büro des Oberbürgermeisters Hannover, organisierten die ChilenInnen die Rückkehr selbst, sobald sich in Chile „Liberalisierungstendenzen" bemerkbar machten, also ab etwa Anfang der 1980er.[488] Die ChilenInnen hätten zurückgewollt, obwohl sie lange hier gelebt hatten. Gründe dafür könnten gewesen sein, dass die ChilenInnen einen relativ hohen Bildungsstand hier erworben hätten, weshalb sie gut für ei-

---

[487] Rojas Hernández 2001: 184 f.

[488] Auch zu Folgendem Bernd Grimpe, Büro Oberbürgermeister, am 03.12.2003.

nen Neueinstieg in ihrem Land gerüstet gewesen seien, und dass die familiären Bindungen stärker gewesen seien als die lokalen. Auch Jürgen Eckl betonte, dass das „hochqualifizierte" hannoversche Exil sein Wissen und seine Fähigkeiten für Chile verwenden wollte und deshalb viele zurückgingen.[489] Es gab in Hannover ein Rückkehr-Komitee, das sich im Lister Turm traf und eine Vertreterin zu den bundesweiten Treffen aller Rückkehr-Komitees entsandte.[490]

Der Statistik zur Anzahl von ChilenInnen in Hannover (Tabelle 1 im Anhang) kann nicht entnommen werden, wie viele jährlich zurück nach Chile gingen, oder ob sie z. B. in eine andere Stadt oder eine anderes Land zogen. So deute ich den leichten zahlenmäßigen Rückgang der Exilgemeinde in Hannover im Jahr 1977 eher als Umzüge in andere Exilländer denn als Rückreisen in die Heimat, da die ersten RückkehrerInnen aus Hannover laut meinen Informationen erst 1983 fuhren. Zudem konnten auf legalem Weg nur die Wenigen nach Chile einreisen, die mit ‚ordentlichen' Papieren geflohen waren.[491] In den Jahren 1983/84 und dann wieder 1987/88 scheinen einige ChilenInnen zurückgegangen zu sein, da eine starke ‚Einbuße' von ChilenInnen in Hannover ersichtlich ist. Die erste Welle könnte in Zusammenhang mit den Listen stehen, welche die Junta in den Jahren 1982 und 1983 veröffentlichte.[492] Darin waren insgesamt etwa 4.000 Namen von Personen aufgeführt, die zurück durften. Die zweite Welle hing wohl eher mit der sich abzeichnenden Liberalisierung, bzw. Rückkehr zum Parlamentarismus zusammen: Pinochet kündigte (in Zusammenhang mit einem Papstbesuch) in seiner Neujahrsbotschaft 1987 an, dass der Ausnahmezustand und das Einreiseverbot aufgehoben werden sollten.[493]

IV.2.6.2. Erfahrungen der ersten *Retornadas* aus Hannover

Die ersten, die aus Hannover zurückgingen, waren Ines Valdez, die damals neun Jahre alt war, ihre Mutter und die elfjährige Schwester.[494] 1983

---

[489] Interview am 13.01.2004.
[490] Martin Ostermann am 24.11.2003 & Evamarie Dietrich am 02.09.2003.
[491] Vgl. auch zu Folgendem Issel 1995: 118.
[492] Miguel Gonzales bestätigte das am 22.09.2003. Vgl. Holz/Wojak 2000: 185 zu den Listen.
[493] Vgl. Holz/Wojak 2000: 185.
[494] Auch zu Folgendem Ines Valdez am 23.09.2003.

wurden sie von einer Gruppe ChilenInnen am Flughafen in Langenhagen verabschiedet. Frau Valdez hatte einen Einreiseantrag stellen müssen, da sie auf der *listado nacional* stand. Sie wurde zur Einreise nach Chile zugelassen, vielleicht weil sie selber nach dem Putsch nicht gesucht worden war, sondern nur ihr damaliger Mann. Ines wollte in Hannover bleiben, aber ihre Mutter bestimmte, dass sie zurückgingen. Die kleine Ines „machte ein fürchterliches Theater am Flughafen", weil sie Angst vor Chile hatte und bleiben wollte: „Ich war doch Deutsche." Nicht alle ChilenInnen hielten die Rückkehr der kleinen Familie für eine gute Idee, weil es in Chile immer noch gefährlich war.[495] Ines Mutter hatte für die Rückkehr ihren Job aufgegeben, sie hatte sogar etwas in ihrem Berufsfeld gefunden gehabt. Ihre Ehe war im Exil zerbrochen.

Bei der Ankunft in Chile holten die Großeltern sie vom Flughafen ab. Ines erinnert sich noch an die ersten Eindrücke auf der Fahrt in ihr neues Zuhause, nämlich dass sie viel Armut sah. Sie hätten anfänglich in einer Zwei-Zimmer-Wohnung mit den Großeltern zusammen gewohnt. Anfangs habe Ines es schwer in der neuen, einer katholischen, Schule gehabt: Die anderen Kinder hätten über ihr schlechtes Spanisch gelacht. Sie sei als halbe Deutsche — „Ausländerin" — in der Mittelschicht nicht gut angesehen gewesen. Ihre Mutter habe auch nicht gewollt, dass sie erzählte, wieso sie in Deutschland gewesen waren. Deshalb habe sie wohl auch die deutsche Sprache vergessen und „hasste alles was [sie] mit Deutschland verband".[496] Dennoch habe sie es ihrer Mutter übel genommen, dass sie ihr die „Muttersprache" genommen hatte und sie nun eine neue lernen musste. Sie sei überall Außenseiterin gewesen, da sie eine andere Sozialisation erfahren hätte und politisch gebildet und interessiert gewesen sei. In Chile habe es viel Statusdenken gegeben und eine Konsumhaltung, die sie vorher nicht gekannt habe. An Deutschland habe sie andere Erinnerungen gehabt, da sie mit vielen Alternativen und politisch aktiven Menschen aufgewachsen sei. Dennoch resümiert sie: „Ich glaube für mich war Chile kein Trauma."[497] Im Gegensatz zu anderen ExilchilenInnen habe sie es gut gehabt, weil sie nie Drogen nahm oder ähnliche soziale Probleme hatte, wie es bei vielen *retornadas*/-os der Fall gewesen sei, da diese nicht zurechtgekommen wären.

---

[495] Mechthild Dortmund am 18.12.2003.
[496] Ines Valdez am 23.09.2003.
[497] Ebenda.

Ines' Schwester kehrte im Alter von sechzehn Jahren zurück nach Deutschland, weil sie in Schüler-Organisationen aktiv war und der chilenische Geheimdienst (CNI) sie verfolgte (ein Auto fuhr vorbei und fotografierte sie). Da habe es die Mutter es mit der Angst zu tun bekommen und sie für acht Monate nach Deutschland geschickt. Ines Valdez kam im Mai 2000 nach Deutschland zurück, um hier zu studieren, und ist bis jetzt geblieben, da sie hier ihren Freund kennen lernte.

IV.3. Rückkehr nach dem Ende der Diktatur (1989)

IV.3.1. Rückkehr in eine veränderte Gesellschaft

IV.3.1.1. Politische und ökonomische Situation in Chile nach der Diktatur

Am 05.10.1988 stimmten 57 % des chilenischen Volkes in einem Plebiszit für ein Ende von Pinochets Herrschaft.[498] Damit begann die Phase der *Transición*, des Übergangs zur Demokratie. Jedoch beinhaltete dieser Übergang ein entscheidendes Problem: denn die Diktatur „mußte als Teil des Rechtsstaates anerkannt werden", um Verhandlungspartner zu sein.[499] So wurde die Verfassung von 1980 samt ihrer „antidemokratischen und autoritären Grundtendenz" anerkannt und das Militär blieb mit weitgehender Macht ausgestattet.[500] Auch Pinochet selbst blieb unangetastet, jeglicher Versuch, Anklage gegen ihn zu erheben, als er 1998 in London festgenommen wurde, war erfolglos. Die Verurteilung des ehemaligen Chefs des chilenischen Geheimdienstes, Contreras, der für den Mord an Orlando Letelier für schuldig befunden wurde (de facto für Tausende Verschleppungen und Folterungen verantwortlich war), konnte nur aufgrund zweier Voraussetzungen erfolgen:[501] Erstens übten die USA Druck aus, da der Mord auf ihrem Boden (in Washington) stattgefunden hatte. Sie drohten mit der Nichtaufnahme Chiles in die NAFTA. Zweitens wurde das chilenische Militär dadurch besänftigt, dass für diese eine Verurteilung die meisten anderen laufenden Verfahren eingestellt wurden. Die Mehrzahl der Täter blieb unbestraft.

---

[498] Vgl. Becker 1996: 20.
[499] Becker 1996: 18.
[500] Becker 1996: 19. Zur Verfassung von 1980 vgl. auch Quezada Cabrera 1990: 60 ff., der sie ebenso einschätzt.
[501] Vgl. auch zu Folgendem Becker 1996: 28 f.

Die ökonomische Lage in Chile war seit 1986 (und zumindest bis zum Jahr 2000) von einem Anstieg des Bruttoinlandsproduktes, einem Rückgang der Inflation und der schrittweisen Zurückdrängung der Arbeitslosigkeit gekennzeichnet.[502] Jedoch: „Die Senkung des Anteils der Armen an der Bevölkerung hat an der strukturellen Ungleichheit absolut nichts geändert. 1996 war der Anteil der reichsten zehn Prozent an den Geldeinkommen exakt so groß, nämlich 41,3 Prozent, wie 1987, und die ärmsten 20 Prozent mußten sich sogar mit 4,1 statt 4,3 Prozent begnügen."[503] Zudem sagen Statistiken nichts darüber aus, wie die Arbeitswirklichkeit aussieht, also die Arbeitsstunden und auch über die Art der Arbeit. Das wirtschaftliche System, der Neoliberalismus, hat sich seit der Diktatur nicht geändert, lediglich die Mittel zur Erhaltung desselben.[504] So ist die Macht nach wie vor in den Händen des Bürgertums konzentriert, das Medien, Bildung und Wirtschaft kontrolliert. „Mit Ausnahme der Oberschicht fürchtet die Mehrheit der Befragten [einer Studie aus dem Jahr 1998 – M.H.], nicht in der Lage zu sein, die Chancen, die von der Entwicklung geboten werden, zu nutzen und sich ausreichend gegen ihre Risiken absichern zu können."[505]

Von einem Übergang zur Demokratie kann bis heute nicht geredet werden, auch wenn der Parlamentarismus wieder eingeführt wurde und die Regierung Lagos einige Reformen im Land eingeführt hat, wie den Mindestlohn um 10 % angehoben und die Versorgung in den Krankenhäusern verbessert.[506] Einige kritische ChilenInnen

> „halten [...] die Maßnahmen der Regierung Lagos für sehr weitreichend, aber sein populistischer Stil und die offensichtlichen Erfolge sollen uns blenden, damit die Concertación mit ihrem neoliberalen Projekt und mit dem definitiven Ende des chilenischen Übergangs von der Diktatur zur Demokratie weiterkommt, ohne dies wirklich zu vollziehen."[507]

---

[502] Vgl. Müller-Plantenberg 2000: 175-7 & Becker 1996: 16 f.
[503] Müller-Plantenberg 2000: 175.
[504] Vgl. Becker 1996: 17 & auch zu Folgendem Müller-Plantenberg 2000: 173 ff.
[505] Müller-Plantenberg 2000: 176.
[506] Vgl. *Comité 119* 2000: 9.
[507] *Comité 119* 2000: 9. Die *Concertación* ist die Regierungskoalition bürgerlicher Parteien, die seit dem Ende der Diktatur im Amt ist.

IV.3.1.2. Soziale Veränderungen durch die Diktatur

Die Jahre der Unterdrückung, in denen öffentlich keine oppositionelle Meinung geäußert werden durfte, hatten sich gravierend auf Mentalität, Sprache und Kultur ausgewirkt. Die Diktatur hatte jahrelang mit demagogischen Massenmedien auf die Menschen eingewirkt, mit der Reform des Bildungssystems die Chancengleichheit, die unter Allende zumindest angestrebt gewesen war, wieder aufgehoben, und durch neoliberale Ausrichtung der Gesellschaft ein Konkurrenzdenken unter den Jugendlichen eingeführt.[508] Besonders einschneidend war die durch den staatlichen Terror und durch die instabile Arbeitsmarktlage ausgelöste Unsicherheit gewesen. Die Anspannung, die dadurch entstanden war, hatte die Familien stark belastet. Der Frust und die Ängste konnten unter der Diktatur nicht ausreichend verarbeitet werden, so fehlten kollektive und individuelle Ziele. Auch nach 1989 wurde die Angst nicht verarbeitet, da die Verbrechen der Vergangenheit für den Segen des ‚Fortschritts' verharmlost und die Opfer der Repression marginalisiert bzw. als Konfliktpotential angesehen wurden.[509] So wirkte die Angst als soziales Phänomen fort und bestimmte in den Kandidaturen der beiden Nachfolger der Diktatur, Aylwin und Frei, die Politik. Die gesellschaftliche Aufarbeitung der Vergangenheit, die von den Opfern der Diktatur gefordert wird, hat bis heute nicht begonnen.[510]

Unter der Diktatur hatten die ChilenInnen ihre Vergangenheit und ihre Traditionen aufgeben müssen, und sich dadurch entpolitisiert.[511] Die Politik verlor im täglichen Leben ihren Sinn, sie wurde etwas Gefährliches und Unerwünschtes. An ihre Stelle trat das Individuum nun in den Wettbewerb für die besseren Chancen und Lebensbedingungen ein, die von nun an nicht mehr kollektiv gemeistert werden sollten. Das war das genaue Gegenbild zu dem Chile, das die Exilierten einmal verlassen hatten. Die junge Generation wusste kaum über die Zeit vor der Diktatur Bescheid, interessierte sich auch nicht dafür.[512] Die RückkehrerInnen hätten ihrer Ansicht nach zu einer progressiven gesellschaftlichen Entwicklung beitragen können, wenn sie stärker

[508] Vgl. auch zu Folgendem Calderón 1986: 9 / 14.
[509] Vgl. auch zu Folgendem Becker 1996: 17-21 / 27.
[510] Vgl. Imholz 1997: 6 & Becker 1996: 15-19 & Brinkmann 2001: 3 f. & Kaltmeier 2000: 4, der über die soziale Bewegung berichtet, die die Bestrafung der Täter fordert.
[511] Vgl. auch zu Folgendem Rojas Hernández 2001: 183.
[512] Vgl. Interview mit Ivan Saldías 2001: 5.

akzeptiert worden wären.[513] Doch besonders denjenigen RückkehrerInnen, die eine Arbeit fanden und/oder die besseren Bildungschancen in Deutschland und Europa genutzt hatten, schlug viel Ablehnung entgegen. Dies lag nach der Einschätzung von Gladys Díaz v. a. daran, dass „die chilenische Gesellschaft die Wunden nicht annimmt, welche die Diktatur hinterlassen hat."[514]

IV.3.2. Rückkehr aus Deutschland — Unterstützung und Umfang

Die Regierung Aylwin gründete am 14.08.1990 das *Oficina Nacional de Retorno*, das den RückkehrerInnen Hilfestellung bieten, sowie private Initiativen und öffentliche Institutionen koordinieren sollte.[515] Es wurde aber 1994 wieder geschlossen, da nach Ansicht der Regierung das Exil und die Auseinandersetzung mit der Diktatur abgeschlossen waren. Bis Juni 1991, als das deutsche Rückkehr-Komitee sich auflöste, kooperierten die beiden Institutionen.[516] Die letzten Unentschlossenen waren also relativ auf sich allein gestellt.

Die meiste Unterstützung bekamen RückkehrerInnen von internationalen Organisationen, wie dem *Intergovernmental Comittee for Migration* (ICM) das auch ein Programm speziell für RückkehrerInnen aus der BRD hatte, welches von der Bundesregierung finanziert wurde.[517] Die Antragsteller mussten mehrere Jahre in der BRD (nicht der DDR) gearbeitet haben, oder dort mindestens zwölf Monate studiert haben. Das Hauptziel war die Vermittlung eines Arbeitsplatzes bereits vor der Abfahrt, im Anschluss daran konnten weitere Hilfen, wie Gepäckkostenübernahme etc. beantragt werden. Zudem sah ein weiteres, aber allgemeines, Programm der Bundesregierung vor, Asylsuchenden die Rückkehr zu ermöglichen, indem sie finanziell unterstützt wurden, unter der Bedingung, dass die Antragsteller auf ihr Asylrecht verzichteten. Damit sollte wohl ein erneutes Asyl in Deutschland verhindert werden. Von großer Bedeutung war ein Programm der deutschen Regierung in Kooperation mit der chilenischen, das 1990 begann und Kredite für Existenz-

---

[513] Vgl. Rojas Hernández 2001: 184.
[514] *Análisis* # 404, 25.11.- 08.12.1991.
[515] Vgl. auch zu Folgendem Holz/Wojak 2000: 186 f. & Becker 1996: 25.
[516] Vgl. Holz/Wojak 2000: 186 & Chile-Informationsbüro e.V. 1999: 42 & Martin Ostermann am 24.11.2003.
[517] Vgl. auch zu Folgendem Holz/Wojak 2000: 186 f.

gründungen an RückkehrerInnen vergab. Die chilenische Regierung weitete den Klientenkreis des Programms auf RückkehrerInnen aus anderen Ländern aus, legte zu den 10 Millionen DM von der deutschen Regierung noch 50 Millionen DM dazu. Allerdings gab die chilenische Staatsbank, die das Projekt verwaltete, „die Kredite [...] unter viel härteren Bedingungen“ weiter, als es von der Bundesregierung vorgesehen gewesen war.[518] Diese Tatsache und in einigen Fällen auch mangelnde unternehmerische Ausbildung führten zu dem Bankrott von etwa 500 kleinen Unternehmen ehemaliger Exilierter.[519] Diese standen nun ohne soziale Absicherung da.

1989/90 kehrten 244 ChilenInnen aus der BRD zurück; zwischen 1991 und 1993 waren es 472 Personen und 1994 nur noch 10 (aus dem gesamten Bundesgebiet).[520] 1995 soll nach Angaben der IMO kein Exilierter aus Deutschland zurückgekehrt sein. Ausgehend von 4.000 ChilenInnen in der BRD wären bis 1995 über die Hälfte zurückgekehrt: bis 1990 etwa 2.000 (wobei hier nur diejenigen erfasst sind, die Rückkehrhilfe erhielten) und ab da 482 weitere.

Hannover scheint, was die Rückkehrquote anbelangt, über dem Bundesdurchschnitt zu liegen: Im Büro des Oberbürgermeisters geht man davon aus, dass die meisten ExilantInnen wieder in Chile sind. Auch meine InterviewpartnerInnen sind der Ansicht, dass die Meisten zurückgegangen sind, sobald sie die Möglichkeit dazu gesehen hatten. Größtenteils sei das nach 1989 gewesen. Die Stadt Hannover half den ChilenInnen nicht bei der Rückkehr, übte aber auch keinen Druck auf sie aus.[521] Dies schien auch nicht notwendig, da sie ihre Rückkehr selbständig organisierten. Dass es bis heute nie weniger als 100 ChilenInnen in Hannover gegeben hat, liegt daran, dass die Kinder der Exilierten oder andere ChilenInnen hier studierten oder mit einer/m Deutschen verheiratet sind.[522] Das Exil hat die Verbindung zwischen beiden Ländern verfestigt.

---

518 Holz/Wojak 2000: 187.
519 Vgl. ebenda & Weber 1999: 9 f. auch zu Folgendem.
520 Auch folgende Daten nach Holz/Wojak 2000: 186.
521 Auch zu Folgendem Bernd Grimpe, Büro Oberbürgermeister, am 03.12.2003.
522 Miguel Gonzales am 22.09.2003 & Ergebnisse meiner eigenen empirischen Untersuchungen.

IV.3.3. Geglückte Rückkehr aus Hannover: Jorge Rojas Hernández

Jorge Rojas ging 1994 als einer der Letzten der von der Stadt Hannover aufgenommenen ChilenInnen zurück. Er hatte in Hannover promoviert und an der Universität gearbeitet und war nun aber von der Universität in Concepción berufen worden, wo er bis heute tätig ist. Oberbürgermeister Herbert Schmalstieg, Klaus Meschkat und Oskar Negt verabschiedeten Jorge Rojas und seine Ehefrau, für die es ein größerer Schritt war, da sie Deutsche war.[523] Jorge Rojas gehört zu denjenigen die solange im Exil ausharrten, und dort die Zeit sinnvoll nutzten, bis sie es vor sich selbst und ihrer Familie verantworten konnten, zurück in die Heimat zu gehen, so wie es das Handbuch für RückkehrerInnen empfahl.[524] Auch Jorge Rojas erfuhr was es heißt, in eine völlig veränderte Heimat zurückzukehren. Er wurde in Chile mit genau den Vorurteilen konfrontiert, vor denen die Exilierten Angst hatten: er sei aus dem goldenen Exil gekommen und erst dann wieder, als es für ihn in Chile einen Posten gab.[525] So schrieben ein paar Studierende im Rahmen von studentischen Konflikten an die Mauer der Universität in Concepción ‚Geht zurück ins Exil', was sich eindeutig auf die DozentInnen bezog, die nach ihrer Rückkehr dort eine Stelle bekommen hatten. Für diese Studierenden schien es leichter zu sein, die Probleme auf eine bestimmte, erreichbare Gruppe zu schieben, als die wahren Ursachen zu erkennen, die in den staatlichen Kürzungen lagen. Die *retornadas/os* waren ein brauchbarer Sündenbock.

Jorge Rojas beschreibt seinen Eindruck von Chile als einem Land, das nur noch auf den Verkauf seiner Produkte auf dem Weltmarkt bedacht ist, das jegliche Spuren des früheren Bildes ausgelöscht, all die kleinen Häuser in der Stadt durch zementene Geschäftsbauten ersetzt hat, so dass es schwierig sei, sich die Vergangenheit wirklich vorzustellen.[526] Auch viele Freunde seien tot, die Sprache habe sich verändert. Man spreche weder „deutlich noch klar", denn unter der Diktatur habe man so nicht reden können.[527] Jorge Rojas Hernández sei, wie die Mehrheit der RückkehrerInnen, zumindest anfänglich erneut in einer Exilsituation gewesen, da er wieder die Ausdrucksweise und

[523] Vgl. *Neue Presse* vom 03.03.1994.
[524] Vgl. Quintana/Rosendahl 1987: 26.
[525] Vgl. Rojas Hernández 2001: 187.
[526] Vgl. auch zu Folgendem Rojas Hernández 2001: 182 ff.
[527] Ebenda 182.

die anderen kulturellen Verhaltensweisen habe lernen müssen. Das sei sehr schmerzhaft gewesen, denn auf der emotionalen Ebene habe man die Veränderungen der chilenischen Kultur und Mentalität nicht akzeptieren wollen. So sei man plötzlich in dem Zwiespalt gewesen, wieder nach Deutschland zurück zu wollen, habe es sich zumindest in der Phantasie vorgestellt.

Immerhin hatte Jorge Rojas als Soziologe die Möglichkeit, diese Dinge zu reflektieren und ‚wissenschaftlich' zu betrachten, so dass sie sich nicht nur emotional ausdrückten. Und nicht nur als Soziologe, auch als *retornado* aus Deutschland, denn unter dem Einfluss der alternativen Kultur „wurde man kritischer, offener und fordernder, formaler und sich seiner Rechte bewusst".[528] Dadurch konnte Jorge Rojas letztlich etwas Positives aus der Situation ziehen: Seiner Meinung nach entsteht durch die Globalisierung eine neue Art von Identität, eine Identität, die nicht auf einen Nationalstaat festgelegt ist, und der es zugute kommt, eine Zeit lang in einer anderen Kultur gelebt und sich diese angeeignet zu haben. Denn sie könne in der Vielfalt leben und fühle sich eher zugehörig zu einer bestimmten Region oder alternativen Lebensform als zum Staat — und könne somit auch in dem Land Chile zu einer positiven Entwicklung beitragen.

IV.4. Zwischen Rückkehr und Bleiben

IV.4.1. Gründe für das Bleiben

Der Gedanke an eine Rückkehr blieb bei jedem bestehen, egal wie gut er/sie sich in Deutschland eingelebt hatte.[529] Bei denjenigen, die bis heute hier geblieben sind, verlief die Integration aber nicht unbedingt besser als bei den RückkehrerInnen.[530] Die nie richtig in Deutschland angekommen waren, wollten aber in stärkerem Maße zurück.[531] Eine starke Bindung an Chile bewirkte gleichzeitig aber auch, dass sie nicht in Deutschland ankommen wollten.

Meine Interviewpartner schätzen, dass von den 100 hannoverschen ChilenInnen noch etwa zwanzig hier sind. Also konnten sich die meisten ihren Traum von der Rückkehr verwirklichen, auch wenn es einige Fälle des „dop-

---

[528] Ebenda 183 auch zu Folgendem.
[529] Martin Ostermann am 24.11.2003 & Vgl. Corvalan/Reyes 1987: 28.
[530] Jürgen Eckl am 13.01.2004.
[531] Martin Ostermann am 24.11.2003 auch zu Folgendem.

pelten Exils“ gab, wovon der Anstieg der Zahl der ChilenInnen in Hannover 1992/93 zeugt.[532] Doch auch die Kinder, die hier geboren wurden, kommen zurück um zu studieren — oder sie sind gleich hier geblieben, weil sie schon sehr integriert waren, als sie die Möglichkeiten hatten, oder weil sie ihre Ausbildung zu Ende führen wollten. Ein Beispiel ist der Sohn A. J. Müller-Alarcons:

> „[N]ach dem Abitur hat er [der Sohn – M.H.] in Chile ein Jahr lang gelebt. Er wollte gern. Und so haben wir vereinbart, ‚wenn du Abitur gemacht hast, kannst du nach Chile'. Und dann er kennt die Gesellschaft, identifiziert sich auch mit der Gesellschaft, aber vor allem ist er Deutscher. Ist gerade mit seinem Studium zu Ende. In Hamburg Wirtschaft studiert, und er wird hier arbeiten und ist sein Leben hier. Also das ist auch seine Heimat.“[533]

Die Kinder waren einer der Hauptgründe für das Bleiben. Wie im Fall der Gonzales wollten manche Eltern sie in „wichtigen Phasen ihrer Entwicklung“ nicht in eine völlig neue Umgebung bringen, und die Ausbildungsmöglichkeiten spielten natürlich auch eine Rolle.[534] Nachdem sie ihr Abitur hier gemacht hatten, wollten die Gonzales-Söhne auch hier studieren, denn in Chile ist das Bildungssystem anders strukturiert. Die Gonzales würden ihre Pläne an die der Söhne anpassen, weil die (Klein)Familie im Exil eine starke Bindung zueinander aufgebaut habe.

Ein weiterer Grund, der auch heute noch manche Exilierte von einer Rückkehr abhält, ist dass ihrer Ansicht nach in Chile keine Demokratie herrscht.[535] Geschichten von Rückkehrern, die am Flughafen erschossen wurden oder kurze Zeit nach ihrer Ankunft verschwanden, wie der Maler Hugo Riveras, der aus dem Bremer Exil zurückgegangen war, bereiten manchen Exilierten bis heute Angst.[536] Miguel Gonzales habe jedes Mal, wenn er nach Chile fliegt, Angst, weil „die“ wissen, dass er dort sei, und es gebe manchmal noch Fälle, wo plötzlich ein ehemaliger Exilierter, der für einen Besuch zurückkommt, festgenommen werde, da noch alte Strafprozesse laufen. Auch Manuel Herreras weiß von Gerüchten, nach denen ein neuer Putsch in

---

532 Das bestätigte mir auch Jürgen Eckl am 13.01.2004.
533 Interview mit A.J. Müller-Alarcon 2001: 15.
534 Miguel Gonzales am 22.09.2003 auch zu Folgendem.
535 Isabel Montes am 22.12.2003 & Miguel Gonzales am 22.09.2003. Siehe auch IV.3.1.
536 Miguel Gonzales am 22.09.2003 auch zu Folgendem.

Chile geplant werde.[537] Das allein halte ihn zwar nicht von der Rückkehr ab, er würde falls notwendig wieder für sein Volk kämpfen, aber er brauche zuerst einmal eine Perspektive dort, eine Aufgabe, um sich wieder in Chile zu integrieren.

Isabel Montes weist u. a. auf frauenspezifische Probleme hin:

> „Nach der Diktatur sind die meisten Chilenen zurück. Und die die bleiben, so wie ich, sind hier, weil sie nicht zurück *konnten*. Ich würde gerne zurück, aber ich habe drei Töchter, bin allein erziehend, und in Chile wäre es nicht möglich, dass wir vier Frauen uns ein, ja, Leben aufbauen, wie hier. [...] Und dann ist aber auch so, dass in Chile hat sich nichts großes verändert, die demokratische Regierung [...] aber sie regieren immer noch mit einer Verfassung von der Junta. [...] Pinochet hat eine Macht, unglaublich. Und das macht mir Angst. [...] Chile hat auch eine demokratische Geschichte, es war ja lange das Europa Südamerikas. Aber trotzdem ist es so, wenn du lange in Hannover lebst – du kannst dich hier frei bewegen. Das kannst du natürlich in Chile nicht. Das verlange ich ja auch gar nicht, sondern dass ich mich mindestens so ein bisschen frei bewegen kann. [...] Siebzehn Jahre Diktatur haben sehr viel kaputtgemacht. [...] Gehe ich zurück nach Chile mit drei Kindern? Zu meinen Eltern? Die haben selber genug Probleme gehabt. [...] Es gab ein paar Projekte, aber die waren alle nicht gut, weil die waren so mit der ‚*Illusion* Chile', weil wir haben hier *so* viel gelernt, das können wir da umsetzen [ironisch].“[538]

Ihr Bruder hatte an einem Rückkehr-Programm teilgenommen und enorme Schwierigkeiten gehabt, weil „er wollte das alles in Chile machen so wie hier, und das konnte er nicht“.[539]

Die Gründe für das Bleiben gründen sich also zum einen in der persönlichen und familiären Situation der (ehemaligen) Exilierten, aber auch in den gesellschaftlichen Bedingungen in Chile, wie ich sie in IV.3.1. ausgeführt habe.

---

[537] Interview am 02.10.2003, auch zu Folgendem. Vgl. dazu auch das Interview mit Iván Saldías 2001: 5, der darauf hinweist, dass die chilenische Rechte sich solche Ängste zunutze macht, um den linken Parteien Vertrauen zu entziehen.

[538] Interview am 22.12.2003. Abschrift der Tonbandaufnahme.

[539] Ebenda.

IV.4.2. Fremde Heimat – Heimat in der Fremde ?

Jede/r Exilierte war bereits wieder in Chile, auch wenn manche länger brauchten um den Schritt zu wagen als andere. Das Verhältnis zu beiden Ländern kann nicht generalisierend dargestellt werden. Jedoch scheint ein gewisses Gefühl der Fremdheit der früheren Heimat gegenüber, und teilweise auch gegenüber Deutschland, unter den Exilierten zu existieren, wie im Folgenden anhand von vier persönlichen Aussagen dargestellt werden soll.

Manuel Herreras berichtete, er sei seit der Flucht erst einmal in sein Land zurückgegangen, von Dezember 1999 bis März 2000.[540] Er sei enttäuscht gewesen, da sich alles sehr verändert habe. Seine Heimatstadt sei sehr touristisch geworden („Tourismus, Mauern, Hotels"). Besonders negativ seien Manuel die veränderten Konsumgewohnheiten in Chile aufgefallen. („Wie konnten so schlaue Leute so etwas [also z. B. McDonalds – M.H.] akzeptieren?"[541]) Es gebe immer noch viele SympathisantInnen von Pinochet, da dieser die Infrastruktur des Landes erheblich verbessert habe.[542] Enttäuscht sei Manuel auch von seinen früheren Freunden gewesen. Die hätten sich nicht sehr weiterentwickelt, sie nähmen Drogen und hätten keine Perspektive. Viele Leute hätten bemerkt, dass er sich eingedeutscht habe, z. B. weil er sehr pünktlich sei, und sich über das eher passive Verhalten seines Volkes sorge. Dieses sei nicht gut für die Zukunft des Landes.

Miguel Gonzales war 1999 zum ersten Mal wieder in Chile, war seitdem noch mehrere Male wieder dort.[543] Er wolle seine Familie dort kennen lernen, denn die neue Generation kenne er nicht und von der älteren habe er sich entfremdet. Miguel sei seit langem schon bewusst, dass er sich weder in Hannover noch in Chile zuhause fühle. Er sei einer von vielen ExilchilenInnen mit so einem Schicksal. Deshalb sei seine Zukunft auch ungewiss, er wisse nicht, ob seine Frau und er doch noch zurückgehen werden, das hänge von seinen Söhnen ab. Miguel fühle sich in Deutschland *und* in Chile wohl, nur in Hannover kenne er mehr Details der politischen Arbeit, da in Chile eine neue Generation aktiv und er dort fremd sei, aber in Hannover nicht. Für einen

---

[540] Interview am 02.10.2003 auch zu Folgendem.
[541] Ebenda.
[542] Vgl. Becker 1996: 15, der bestätigt, dass dieses Argument häufig in Chile gebraucht wird. Auch Hitler habe ja ‚immerhin' die Autobahn gebaut…
[543] Interview am 22.09.2003 auch zu Folgendem.

Neueinstieg in die politische Arbeit in Chile fühle er sich zu alt. Aber Deutschland sei nicht wirklich seine Heimat, da er immernoch täglich den latenten Rassismus spüre, als Ausländer angesehen werde.

A.J. Müller-Alarcon, der nach 24 Jahren als politischer Flüchtling die deutsche Staatsbürgerschaft annahm, beschreibt seine Heimatgefühle folgendermaßen:

> „Also wissen Sie, wir besitzen eine Finca in Spanien. Und für mich ist Deutschland mein Haus, das zweite Haus ist Spanien, und das dritte ist Chile. Also, das wird immer gesagt oder ich weiß nicht ob Sie irgendwo gelesen haben, aber ich sage immer: ‚Heimat ist, wo Sie sich wohl fühlen'. Heimat ist, ich arbeite hier, ich habe meine Freunde hier, ich habe meine Familie hier. Meine Frau stammt von hier. Und das sind meine Heimatgefühle."[544]

Isabel Montes besucht ihre Familie seit Jahren regelmäßig. Sie ist sich unsicher, wohin sie gehört:

> „Am besten geht's mir immer da oben im Flugzeug. Wenn ich dahingehe, gehe ich mit der Illusion ‚ach Chile, toll, meine Familie', nicht, wir sind eine große Familie, und meine Freunde und so. Und wenn ich zurückkomme, dann denke ich an das was ich hier habe." Ihre Töchter wollen erst mal in Deutschland bleiben, „aber die sind ja auch noch jung".[545]

Die Aussagen deuten darauf hin, dass die ChilenInnen, mit Ausnahme A. J. Müller-Alarcons, an einem Ort heimisch geworden sind, an dem sie äußerlich Fremde sind, so dass sie sich nie ganz zugehörig fühlen können. Da der Fixpunkt ihres Lebens, u. a. Arbeit und Kinder, sich in Hannover befindet, verbindet sie zwar mehr mit diesem Ort als mit Chile. Es scheint jedoch als sei das Exil für diese ChilenInnen immer noch nicht beendet.

IV.4.3. Hinterlassenschaften des chilenischen Exils in Deutschland und Hannover

Das chilenische Exil hat seine Spuren in Deutschland hinterlassen, besonders in der deutschen internationalistischen Bewegung. So erinnerte sich ein Aktivist an einen chilenischen Freund zurück, der bereits in den frühen

---

[544] Interview mit A.J. Müller-Alarcon 2001: 14.

[545] Interview am 22.12.2003.

1980ern wieder nach Chile gegangen war, wie die Erzählungen von der Selbstorganisation der Arbeiter und der demokratischen Mitbestimmung zu Zeiten der *Unidad Popular* die Unzulänglichkeiten der deutschen politischen Kultur hatten deutlicher werden lassen.[546] Nach der Rückkehr zeigte der Chilene seinen Freunden in Deutschland, wie einige Menschen trotz der schlimmen Bedingungen ihr Leben demokratisch gestalten wollten: „Dieses Bewusstsein von menschlicher Würde sollte auch unsere politische Kultur stärker beeinflussen, und hat es teilweise schon."[547] Ein anderer Solidaritätsarbeiter sieht die Hinterlassenschaft der ChilenInnen für die gesamte BRD.[548] Darunter fallen Kultur, Wissenschaft, Humanität, ein psychosoziales Zentrum für ausländische Flüchtlinge und dass die BRD „ihre Tür zu Lateinamerika geöffnet" hat.[549] Einen wichtigen Beitrag dazu lieferten die vielen chilenischen Musikgruppen, Schriftsteller und Maler, die in der BRD sehr erfolgreich waren.[550] Um nur einige zu nennen: Isabel Parra, Pablo Neruda und ‚Inti Illimani', aber auch lokal Aktive, wie die Folkloregruppe ‚Victor Jara' in Hannover, trugen zu einem positiven Ansehen des chilenischen Exils in der deutschen Bevölkerung bei. Insbesondere die Deutschen, die mit den ChilenInnen enger zusammenarbeiteten, bekamen einen lebendigen Einblick in die lateinamerikanische Realität, konnten sie mit anderen Augen betrachten. Das brachte nicht nur einzelne Menschen, sondern auch die beiden Länder näher zusammen.

Zuvor hatten hauptsächlich Unternehmerkreise und die deutsche Kolonie in Chile die bilateralen Beziehungen aufrecht erhalten. Zu nennen wären auch die *Colonia Dignidad* oder Nazis, die nach dem Zweiten Weltkrieg im Land aufgenommen wurden, und die teilweise Einfluss auf den Staat ausüben konnten.[551] Es gab zwar auch jüdische Flüchtlinge vor dem Nazi-Regime, die nach Chile emigrierten, doch übten sie relativ wenig gesellschaftlichen Einfluss in Chile aus.[552] Durch die Solidaritätsbewegung gewannen die

---

546 Vgl. Quintana/Rosendahl 1987: 20 / 22.
547 Ebenda 22.
548 Vgl. auch zu Folgendem Quintana/Rosendahl 1987: 22 f.
549 Ebenda 23.
550 Vgl. Issel 1995: 118.
551 Vgl. Barrenechea 1985 zu wirtschaftlichen, politischen und militärischen Beziehungen BRD-Chile & Amnesty International 1977a zur deutschen *Colonia Dignidad*.
552 Vgl. Wojak 1994 zum deutschen Exil in Chile.

nichtoffiziellen Verbindungen eine neue Tiefe. So sind seitdem mehr Informationen über die Realität in Chile bzw. Lateinamerika, nach Deutschland geflossen.

Auch auf der Ebene des politischen Bewusstseins hat die Anwesenheit der ChilenInnen einige Denkprozesse in Bewegung gebracht.[553] So entstand ein realistischeres und gleichberechtigteres Bild eines linken Internationalismus aufgrund der Erfahrung der konkreten Handlungen der Politik gegenüber Chile und den Flüchtlingen und der direkten Konfrontation mit den ‚Objekten' der Solidarität, die plötzlich anders waren als in der Vorstellung und die andere Perspektiven eines Internationalismus mitbrachten und forderten. Aus diesen Einsichten heraus konnte eine neue Art internationaler Solidarität entstehen, die auf den gegenseitigen Austausch und auf die Verbindungen Deutschlands zur Dritten Welt ausgerichtet war. Im Zuge der Weiterentwicklung der Dritte-Welt-Bewegung aus denjenigen Chile-Gruppen, die aus einem Bündnis verschiedener deutscher Organisationen hervorgegangen waren,[554] kristallisierte sich zudem heraus, dass eine effektive internationale Solidaritätsarbeit im eigenen Land ansetzen musste. Im Fall der ChilenInnen waren das die Asylpolitik und der Antikommunismus, aber auch deutsche Wirtschaftsinteressen, die Ausbeutung und Diktaturen in der Dritten Welt förderten (und forderten).[555] Internationale Solidarität sollte daher „transnational[..] [und] länderübergreifend[..]" das neoliberale Modell und die Globalisierung der Wirtschaft kritisieren und in gemeinsamem Dialog Alternativen erarbeiten.[556]

In Hannover war die Kampagne für Chile 1973/74 der Bezugsrahmen zur (erneuten) Gründung des *Sozialistischen Deutschen Studentenbundes* (SDS)

---

[553] Vgl. auch zu Folgendem Mechthild Dortmund am 18.12.2003 & Balsen/Rössel 1986: 290-7 (zur Chile-Solidarität) / 375-90 (zur Mittelamerika-Solidarität) & Süssdorf 1986: 369 & Kaltmeier 1999: 6.
[554] Mechthild Dortmund am 18.12.2003.
[555] Vgl. Marmora 568 f., der eine Solidaritätsarbeit im eigenen Land bereits 1985 forderte. Zur Diskussion über den deutschen Internationalismus seit Ende der 1970er vgl. Müller-Plantenberg 1978: 360-6 & Balsen/Rössel 1986: 523- 80 & ILA #1 (Dez. 1976) bis #10 (Nov. 1977), Reihe „Diskussionsbeitrag zur Solidaritätsarbeit".
[556] Kaltmeier 1999: 5.

und stellte Kontakte zwischen den verschiedenen linken Gruppen her.[557] Die Kooperation mit den „chilenischen Emigranten", führte zu einer Selbstkritik der Deutschen an ihrem Konzept des „revolutionären Internationalismus":

> „Weder konnten sich die aufs einzelne Subjekt zusammengezogene Identifikation mit der Exotik des Guerillakampfes aufrecht erhalten, noch erwiesen sich die auf die internationale Kapitalverflechtung ausgerichteten ‚objektiven' Analysen des Imperialismus und die ‚Entlarvung' der CIA-Geheimdienstaktionen als tragfähige Elemente der Entfaltung von praktischer Solidarität mit den Emigranten und der chilenischen Revolution."[558]

Eine konkrete Hinterlassenschaft der Chile-Solidarität an die Stadt Hannover ist das 1.-Mai-Fest nach der traditionellen Kundgebung am Klagesmarkt. Die Kinderhilfe Chile und das Chile-Komitee hatten spätestens 1976 begonnen, im Lister Turm eine internationale Feier zu organisieren.[559] Daran nahmen neben den ChilenInnen türkische, persische, spanische und griechische Gruppen teil.[560] Ziel des Festes war, dass „[a]usländische und deutsche Kollegen [...] an diesem Tag ihre Solidarität und Zusammengehörigkeit [zeigen] und [...] gemeinsam für ihre Interessen und Rechte ein[treten]".[561] Wegen des Erfolges der Feiern im Lister Turm, kam später auch der DGB auch auf die Idee, die übliche Kundgebung mit einem Fest zu verbinden.[562]

Weitere ‚Überbleibsel' der Chile-Solidarität sind das *Dritte-Welt-Forum*,[563] einige Allerweltsläden, die Produkte aus fairem Handel verkaufen und v. a. ein generell gestiegenes Bewusstsein in der Bevölkerung über die Problematik. Dies zeigt sich in vielen kleinen Initiativen, wie Lateinamerika-Filmreihen o.ä. Veranstaltungen, sowie lokale Radiosendungen, die umfangreich über Lateinamerika informieren. Auch bleiben noch die persönlichen Prägungen, die die Chile-Solidarität bei Einzelnen hinterlassen hat.

---

[557] Vgl. *Arbeitsbericht des Chile-Komitees*, ohne Autor, ohne Jahr, vermutlich März 1974, zweite Version: 1; Archiv I, Ordner *Unterlagen Chile-Komitee Hannover.*

[558] Ebenda.

[559] Jürgen Eckl am 13.01.2004 & Alfred Klose am 22.10.2003.

[560] Protokoll der Vorbereitung des 1. Mai 1977, Archiv I, Ordner *Unterlagen Chile-Komitee Hannover.*

[561] Aufruf zum 1. Mai 1977 im Lister Turm; Archiv I, Ordner *Unterlagen Chile-Komitee Hannover.*

[562] Jürgen Eckl am 13.01.2004 & Alfred Klose am 22.10.2003.

[563] Interview mit Anne Schneider und Hannah Schuster am 07.12.2003 & zu Folgendem eigene Beobachtungen der Autorin (M.H.).

IV. 5. Zusammenfassung

Der Rückkehrprozess wurde von wirtschaftlichen, sozialen, politischen und psychologischen/persönlichen Faktoren im Exil- und im Fluchtland beeinflusst. Es waren in etwa dieselben, die auf den Integrationsprozess einwirkten — die Rückkehr stellte einen Teil der Integration dar. Auch galten tendenziell dieselben Faktoren wie bei anderen MigrantInnengruppen (siehe IV.1.2. zu ehemaligen sog. ‚GastarbeiterInnen'). Das Exil hatte zunächst den Sinn einer Zeitweiligkeit. Eine Rückkehrorientierung war generell vorhanden, konnte sich aber mit der Dauer des Exils und damit evtl. einhergehender Verwurzelung in der Aufnahmegesellschaft (besonders der zweiten und dritten Generation) ändern. Die Tatsache, dass die meisten ChilenInnen zurückgegangen sind, obwohl sie große Schwierigkeiten bei der Reintegration überwinden mussten und teilweise bessere materielle Lebensumstände in Hannover zurückließen, bezeugt den generellen Rückkehrwillen von MigrantInnen und insbesondere Flüchtlingen.

Die Unterstützung und Selbsthilfe der Rückkehrwilligen war von großer Bedeutung für die Rückkehr, und die (teilweise mangelhafte) Bereitschaft der chilenischen Gesellschaft die *retornadas/os* wieder aufzunehmen für die Reintegration. Sie stellte das schwierigste Hindernis dar, denn ein zweiter Integrationsprozess war psychisch nur schwer zu bewältigen, besonders, nachdem jemand schon viele Jahre in den ersten ‚investiert' hatte.

Eine weitere Schwierigkeit bestand darin den Moment wahrzunehmen, an dem der Zustand des Provisoriums beenden werden musste. Dieser Moment wurde mit der Gemeinschaft der Exilierten ausgehandelt. Denn je mehr von ihnen zurück in die Heimat gingen oder sich aus der Exilgemeinde zurückzogen, desto deutlicher wurde denjenigen, die langsam zurückblieben, dass sie eine Entscheidung treffen mussten. Auf Dauer war es schließlich nicht nur natürlich, sondern auch gerechtfertigt Pläne für die Zukunft zu schmieden, sich beruflich oder anders zu verwirklichen und eine Familie zu gründen – auch wenn dies nicht im Herkunftsland geschah.

Ein Einleben in Deutschland bedeutete nicht unbedingt das völlige ‚Alemannisieren' der verbliebenen ChilenInnen: Die meisten fühlen sich von ihrer Mentalität her weiterhin als Latinas/os. Sie haben eine neue, eine ‚Mischidentität' herausgebildet, da sie teilweise von Chile entfremdet leben – ihre eigentliche Heimat, das Chile der *Unidad Popular*, existiert ja nicht mehr. Die ChilenInnen gestalteten sich aber ein neues Umfeld. So führten sie z. B. Elemente lateinamerikanischer Kultur in Hannover ein und „chilenisierten" manche Deutsche.[564]

[564] Corvalan 1989: 82 benutzt diesen Ausdruck. Ich persönlich möchte ich von der Idee einer ‚nationalen' Prägung distanzieren. Ich sehe eine regional und gesellschaftlich bedingte Identitätsbildung als realistischer an.

V. Fazit

V.1. Zusammenfassung der Ergebnisse

Aufnahmepolitik wird von internationalen, nationalen und lokalen Gegebenheiten determiniert. Dies drückt sich u. a. in einem Konflikt zwischen moralischen und diplomatischen Abwägungen aus. Dabei stehen sich unterschiedliche gesellschaftliche Gruppen gegenüber, die bemüht sind, ihre jeweiligen Interessen durchzusetzen. Die MigrantInnen selber haben keine Mitsprachemöglichkeit und sind staatlichen Sicherheitsbedenken u. ä. Vorurteilen ihnen gegenüber weitgehend ausgeliefert. Deshalb sind sie auf das Engagement von Teilen der Bevölkerung des Aufnahmelandes, von Entscheidungsträgern in seinen Institutionen und supranationalen Organisationen (z. B. UNHCR und ICM) angewiesen. MigrantInnen können sich auch eigene Netzwerke und Organisationen schaffen, um für ihre Rechte einzutreten. Eine Zusammenarbeit mit anderen gesellschaftlichen (politischen) Gruppen vereinfacht den Aufbau solcher Strukturen und unterstützt ihre Ziele. Dafür ist das chilenische Exil ein Paradebeispiel.

Migrationspolitik (und damit auch die Aufnahme von MigrantInnen) ist eng mit internationaler und Außenpolitik verknüpft. So stellt sich in jedem Fall die Frage nach dem Grund der Wanderung bzw. Flucht. Migration wird als ein natürliches menschliches Phänomen bestehen bleiben, aber ihre gewaltsamen Formen, wie Flucht, können bekämpft werden. So könnten z. B. Staaten und internationale Organisationen ihre Beziehungen nutzen, um Einfluss auf die Zustände in Fluchtländern auszuüben. Auch die Aufnahme von Verfolgten stellt einen Beitrag dazu dar, weil dadurch eine Kooperation internationaler Instanzen mit den Betroffenen zur Lösung der Probleme (oder Sturz des Gewaltregimes) erfolgen kann. Bisher praktizierte Ansätze beliefen sich in erster Linie auf militärische Interventionen, die zudem in erster Linie den Interessen der sie ausführenden Staaten (und der Rüstungsindustrie) dienten, und in vielen Fällen zu weiterer Gewalt führten, anstatt der betroffenen Bevölkerung zu helfen.[565] Eine genaue Ausführung dieses Themas würde jedoch den

---

[565] Vgl. Posen 1997, der den Effekt militärischer Interventionen in Frage stellt, ohne auf die Interessen, die hinter solchen militärischen Eingriffen stehen zu erwähnen oder das Mittel an sich anzuzweifeln & Weiner/Münz 1997: 353, die darauf hinweisen, dass militärische

Rahmen dieser Studie sprengen, und sich in Bezug auf Chile zudem in Spekulationen über das, was hätte wie verhindert werden können oder nicht, verlieren.

Mit der Aufnahme von MigrantInnen stellt sich zwangsläufig die Frage nach ihrer Integration. Eine für beide Seiten produktive Integration impliziert einen Dialog zwischen Aufnahmegesellschaft und MigrantInnen. Ihr Gelingen hängt mit einem möglichst großen Handlungsspielraum bzw. Selbständigkeit der MigrantInnen zusammen, sowie der Möglichkeit zu arbeiten und zu politischer bzw. sozialer Betätigung.[566] MigrantInnen, die als Gruppe repräsentiert sind, können eher kleine Änderungen zu ihren Gunsten erreichen als Einzelpersonen. Dadurch erfahren sie sich als handelnde Individuen, die nicht nur dem Wohlwollen der Aufnahmegesellschaft ausgeliefert sind und können ihr (durch die Unsicherheit der Migrationssituation angekratztes) Selbstbewusstsein wieder aufwerten. Auch können MigrantInnen und Einheimische über die politische Tätigkeit miteinander in Kontakt treten. Im Laufe der Zeit wird eine separate Interessenvertretung der MigrantInnen u. U. überflüssig, wenn sie sich in ihre neue Umgebung eingelebt haben. Dabei bilden sich ‚Mischidentitäten' heraus, da niemand — ob MigrantIn oder ‚Einheimische/r' — unbeeinflusst von seiner/ihrer Umgebung bleibt. Im Fall von temporär im Land verweilenden MigrantInnen trifft das in geringerem Maße zu, doch haben auch sie Anspruch auf günstige Lebensbedingungen und z. B. Weiterbildung — zudem kann sich das Moment der Zeitweiligkeit zu einem von Dauer entwickeln, wie es für viele der chilenischen Exilierten der Fall war.

Das chilenische Exil kann als Anschauungsmodell für eine Integrationspolitik verwendet werden, welche den Individuen die Möglichkeit zubilligt zu einem konstruktiven Teil der Gesellschaft zu werden, anstatt ihnen durch eine Ausgrenzung von vornherein jegliche Perspektive und Motivation zu nehmen. Denn trotz ihrer relativ privilegierten Situation hatten die ChilenInnen mit vielen Schwierigkeiten zu kämpfen — das gibt Aufschluss über die Mindestanforderungen an eine staatliche Integrationspolitik. Diese beinhaltet auch das

---

Eingriffe auch *gegen* Flüchtlinge gerichtet sein können, z. B. bei der Bewachung von Grenzen.

566 Vgl. hierzu auch Decker 1982: 161, welche die Bedeutung politischer Tätigkeit für ArbeitsmigrantInnen in der BRD untersucht & Schmitter Heisler 1991: 635-7, die Ansätze referiert, die sich auf Integration durch soziale Bewegungen beziehen.

Verhältnis der bereits ansässigen Bevölkerung den MigrantInnen gegenüber, denn der Staat kann in erster Linie nur mit struktureller Hilfe dienen. Zudem vollzieht sich Integration in Teilbereichen der ‚Gesamtgesellschaft', und innerhalb sozialer Gruppen, die allerdings zum Teil wiederum ethnisch definiert werden bzw. sich definieren.[567]

Der Rückkehr-Prozess ist ein maßgeblicher Teil der Integration. Für eine erfolgreiche Reintegration in der Heimat ist eine psychische und materielle Vorbereitung notwendig. Die Aufnahmegesellschaft kann dies unterstützen, indem sie den Ausreisedruck auf die Betroffenen möglichst gering hält sowie finanzielle Unterstützung (z. B. in Form von Programmen) anbietet. Der Wille zur Heimkehr ist schließlich in den meisten Fällen gegeben, selbst bei denjenigen MigrantInnen, die sich auf relativ hohem Statusniveau in die Aufnahmegesellschaft einfügen können. Die Ausführung der Rückkehr hängt aber wesentlich von äußeren Umständen ab, insbesondere der Situation im Herkunftsland und den finanziellen Möglichkeiten der MigrantInnen, die nur geringfügig von den Rückkehrwilligen beeinflusst werden können. Aus diesem Grund und weil ein Scheitern der Reintegration in der Heimat weitaus schwerer wiegt als in einem fremden Land, ist die Rückkehr das sensibelste und für die MigrantInnen frustrierendste Problem des gesamten Integrationsprozesses.

V.2. Übertragbarkeit der Ergebnisse auf andere MigrantInnengruppen

Ein Vergleich des chilenischen mit anderen Exilen liegt nahe; so nahmen einige der ChilenInnen, die sich mit ihrem eigenen Exil auseinandersetzten, das deutsche Exil in Lateinamerika während des Nationalsozialismus zum Ausgangspunkt ihrer Analysen.[568] Die Entwicklung des chilenischen Exils findet aber auch seine Parallelen in Integrationsprozessen anderer Zuwanderergruppen. Wie ich in den einzelnen Kapiteln gezeigt habe, sind Resultate aus Studien, die sich z. B. mit ArbeitsmigrantInnen in der BRD befassen, auf die ChilenInnen übertragbar – sofern die Besonderheit ihrer Situation berücksichtigt wird. Beispielhaft zu nennen wäre das Modell Elçin Kürşat-Ahlers'

---

[567] Vgl. Bukow/Llaryora 1998: 93 ff. & siehe V.2.

[568] So Jorge Barudy von COLAT (siehe III.4.4.1.) & vgl. Eisenbürger 1995: 7-9, der über einen Vergleich des deutschen Exils in Lateinamerika mit dem lateinamerikanischen in Deutschland reflektiert.

über die gefühlsmäßige Verarbeitung der Migrationssituation (siehe Anhang), welches große Ähnlichkeit mit den von chilenischen Psychologen erfassten Phasen aufweist, jedoch diese aufgrund seines Anspruchs auf Allgemeingültigkeit weniger detailliert darstellt (siehe III.4.4.2.). Im Rückschluss gilt für die Übertragung von Forschungsergebnissen zu den ChilenInnen auf andere Migrantengruppen das Gleiche. Die Spezifika jeden Falles müssen von den verallgemeinerbaren Faktoren unterschieden werden: Politische, wirtschaftliche, soziale und individuelle Faktoren spielen für jede Migrationsbewegung eine Rolle, wenn auch in unterschiedlicher Ausprägung. Bei allen Migrantengruppen in der BRD treten zudem dieselben Probleme bei der strukturellen Integration auf, wie z. B. die Überwindung der bürokratischen Hürden, Fremdenfeindlichkeit, Probleme mit der Sprache und Arbeitslosigkeit.[569] Diese wirken sich wiederum in ähnlicher Art auf die kulturelle Integration und die psychische Disposition der MigrantInnen aus. Ein Beispiel ist die politische Aktivität, welche für die ChilenInnen von großer Bedeutung war. Auch wenn die starke politisch-ideologische Ausrichtung ein spezifisch chilenisches Merkmal darstellte, so kann doch verallgemeinert werden, dass eine sinngebende Tätigkeit, die auf die Bedürfnisse der eigenen Gruppe bezogen ist, für alle MigrantInnen in gleichem Maße notwendig ist.

Ein entscheidender Unterschied zwischen einzelnen MigrantInnen ist allerdings die Klassenzugehörigkeit. Die ChilenInnen gehörten zu einem großen Teil der Mittelschicht an, was ein höheres Bildungsniveau suggerierte, als es die südeuropäischen ArbeitsmigrantInnen der 1970er Jahre in Deutschland aufwiesen. Da durch Bildung gewisse Grundfähigkeiten der Reflexion, des Sprachenlernens oder sozialen Verhaltens vermittelt werden, gehe ich davon aus, dass sie eine Integration erleichtert. Zudem kommen diejenigen, die z. B. als ComputerspezialistInnen in Deutschland Arbeit finden, zum größten Teil aus den oberen Schichten ihrer Herkunftsgesellschaft (z. B. Indien), bringen also Fähigkeiten mit, die in Deutschland gefragt sind. Men-

---

[569] Zur Eingliederung der verschiedenen Zuwanderergruppen vgl. z. B. folgende historische Studien: Bade 1992bcd / 1997 & Blahusch 1998, dessen Arbeit zwar soziologisch ist, aber die einzelnen Zuwanderergruppen treffend charakterisiert. Schulze 2002 & Wennemann 1997a & Parisius 2002 zu den Vertriebenen des Zweiten Weltkriegs & Herwartz-Emden/Westphal 1997 zu AussiedlerInnen & Wennemann 1997b zu den Übersiedlern aus der DDR & Bommes 1997 zu ArbeitsmigrantInnen in die BRD. Benzler 1997 & Meinhardt 2002 zu Asylsuchenden und Flüchtlingen.

schen aus unteren Schichten und daher tendenziell mit weniger Bildung haben weitaus größere Schwierigkeiten, eine Arbeit, Ausbildung und adäquaten Wohnraum zu erlangen. Die Probleme der Zuwanderer spiegeln schließlich die gesellschaftliche Hierarchie und die durch sie ausgelösten Konflikte wider. Sie sind also nicht ethnisch bedingt, sondern klassen- oder schichtenspezifisch, wobei die ethnische Zugehörigkeit als Rechtfertigung für diskriminierendes Verhalten missbraucht wird.[570]

Bereits 1964 entwickelte der US-amerikanische Soziologe Milton Gordon sein Konzept der *ethclass*, um die Integration der Einwanderer in die USA möglichst realitätsnah zu erfassen.[571] Demnach bilden Klasse und Ethnie eine Symbiose, wobei die *ethclass* ein Segment einer ethnischen Gruppe darstellt. Die meisten anderen Integrationstheorien bezogen (und beziehen) sich lediglich auf die ethnische Herkunft der Zuwanderer, jedoch sind diese an sich keine homogene Masse, sondern weisen soziale Differenzen auf. Ein/e in Deutschland arbeitende/r indische/r ComputerspezialistIn wird sich kaum mit einer/m InderIn zusammengehörig fühlen, der/die in einem Asylbewerberheim wohnt. Aktuelle Ansätze, wie die *Transnationalismus*-Theorie, greifen die Theorie Gordons auf globalem Niveau auf. Sie bemühen sich um eine Erklärung des Phänomens ‚Migration' außerhalb des Konzeptes ‚Nationalstaat', können jedoch einen Klassenansatz nicht ersetzen.[572] Dieser muss m. E., ebenso wie die speziellen Umstände des jeweiligen Forschungsgegenstandes, in jeder Studie zu Migration mit einbezogen werden.

V.3. Aktuelle deutsche Migrationspolitik

Am 01.01.2005 tritt ein neues Zuwanderungsgesetz in Kraft. Laut des amtierenden Bundeskanzlers soll „eine Steuerung der Zuwanderung entsprechend den Bedürfnissen des Arbeitsmarktes ermöglicht" werden.[573] Hochqualifizierte und Existenzgründer können ohne Restriktionen einwandern. Diesen

---

[570] Vgl. Treibel 1999: 179 ff., die sich mit der Theorie Hoffmann-Nowotnys befasst, welcher von einer ‚Unterschichtung' der Gesellschaft durch die Zuwanderer spricht. Vgl. auch Hoffmann-Nowotny 1982: 612-14 & Bukow/Llaryora 1998: 141-89 zur ‚Ethnisierung' von Zuwanderern.

[571] Vgl. Treibel 1999: 99 f.

[572] Zu Transnationalismus vgl. Bommes 2002: 93 ff. & Goebel/Pries 2002: 35 ff.

[573] Bundeskanzler Gerhard Schröder am 25.05.2004; nach REGIERUNGonline, URL: http://www.bundesregierung.de/servlet/init.cms.layout.htm.

„attraktive[n] Migranten“ werden ein sicherer Rechtsstatus und staatliche Eingliederungshilfen, wie Sprach- und Orientierungskurse zu deutscher Kultur und Geschichte, gewährt.[574]

Gleichzeitig wird die Abschiebung ‚unattraktiver' MigrantInnen vereinfacht. So wird die Verweigerung einer Teilnahme an den oben genannten Integrationskursen mit Sanktionen, wie einer Verweigerung des Daueraufenthaltsrechts, geahndet werden.[575] Auch werden ‚sicherheitspolitische' Aspekte stärker einbezogen, indem Individuen, von denen nach Ermessen des Staates eine „terroristische Gefahr“ ausgeht, abgeschoben werden können.[576] Flüchtlinge, die in ihrem Herkunftsland „schwere Straftaten oder Menschenrechtsverletzungen begangen“ haben, bekommen keinen sicheren Aufenthaltsstatus zuerkannt.[577] Problematisch ist hier, wer bestimmt, was als schwere Straftat zu bezeichnen ist — die verfolgten ChilenInnen wurden von der Militärjunta auch als Kriminelle bezeichnet. Jedenfalls ist die Handlungsfreiheit des Staates für die Abschiebung ideologisch oder anderweitig unerwünschter Subjekte beträchtlich erweitert. Dafür ist geschlechtsspezifische, (nicht)staatliche Verfolgung als Asylgrund im Gesetz aufgenommen.

Hintergrund des neuen Gesetzes sind neben den wirtschaftlichen Bedürfnissen, die aus der „Internationalisierung der Wirtschaft“ resultieren, auch Prognosen über die demographische Entwicklung der westlichen Industriestaaten und insbesondere Deutschlands.[578] Nach der Bevölkerungsabteilung der UNO müssten bis 2050 17,8 Millionen Menschen nach Deutschland einwandern um die Bevölkerungszahl konstant zu halten.[579] Um jedoch die zunehmende Überalterung der Gesellschaft aufzuhalten, also das Verhältnis zwischen arbeitender Bevölkerung und RentnerInnen im Gleichgewicht zu halten (und damit den Einsturz des sozialen Absicherungssystems zu verhindern), müssten jährlich 3,4 Millionen Menschen immigrieren. Diese Zahl ist unrealistisch, zeigt aber, dass bestehende und kommende Probleme der Ge-

---

[574] Bade/Münz 2002b: 18 / vgl. 18 f. zu Folgendem.
[575] Vgl. Bundeskanzler Gerhard Schröder am 25.05.2004; nach REGIERUNGonline, URL: http://www.bundesregierung.de/servlet/init.cms.layout.htm.
[576] Bundesministerium des Inneren 2004: 5.
[577] Ebenda 2.
[578] Bundeskanzler Gerhard Schröder am 25.05.2004; nach REGIERUNGonline, URL: http://www.bundesregierung.de/servlet/init.cms.layout.htm.
[579] Vgl. auch zu Folgendem Bundesministerium des Inneren 2002.

sellschaft nicht allein über Zuwanderung gelöst werden können. Im gleichen Maße können die Probleme von Migration nur als global-gesellschaftliche gelöst werden. Eine genaue Ausführung dieses Themas würde jedoch den Rahmen dieser Studie sprengen.

V.4. Progressive Migrationspolitik

Die aktuelle deutsche Migrationspolitik setzt die Tradition der BRD fort; neu ist lediglich die offizielle Argumentation, die eine (gesteuerte) Zuwanderung als notwendig erachtet. Das behindert weiterhin die Verwirklichung der in diesem Buch angeführten (und für alle Beteiligten produktiven!) Konzepte zu Migration. So steht Migrationspolitik weiterhin unter den Prämissen des angeblichen ‚globalen Marsches' aus der Dritten Welt in die Industriestaaten und des ‚vollen Bootes' bzw. leeren Kassen des Sozialstaates.

Erstem kann entgegengehalten werden, dass die meisten der weltweiten MigrantInnen gar nicht über die Mittel verfügen, um eine Flucht nach Europa antreten zu können.[580] Sie müssen in den Katastrophenregionen bleiben oder flüchten in Nachbarländer. Zudem übt der deutsche Staat durch das neue Zuwanderungsgesetz eine verschärfte Kontrolle über die Zuwanderung aus. MigrantInnen sind nicht diejenigen, die für Wirtschaftskrisen verantwortlich sind — ganz im Gegenteil haben Flüchtlinge u. a. Zuwanderer positiv auf die Wirtschaft einwirken können bzw. sind Wirtschaft und Gesellschaft sogar auf sie angewiesen. Dennoch haben MigrantInnen kein Mitspracherecht bei gesellschaftlichen und politischen Entscheidungen. Arbeitsmarktpolitik und Sozialabbau sind aber gesamtgesellschaftliche Themen, die mit allen Beteiligten, auch den NichtstaatsbürgerInnen, ausgehandelt werden müssen. Ein Lösungsansatz wäre das Einführen angemessener Steuern für die Großindustrie, von denen dann die sozialen Leistungen für alle finanziert werden könnten.

Die Lösung der globalen Probleme wie Armut und ihre Folgen liegen sicher nicht in der Abschottung gegen Außen, sondern in einem Miteinander, in der Akzeptanz alternativer Lebensweisen, aus denen Vorschläge und Konzepte für die zukünftige Gestaltung der menschlichen Gesellschaft(en) erwachsen und erprobt werden. Wünschenswert ist also eine Öffnung der Ge-

---

[580] Vgl. Nuscheler 2002: 114-6.

sellschaft in Verbindung mit besseren Integrationschancen für alle. Die Erfahrungen der ChilenInnen, die zwei Identitäten in sich tragen, zeigen diese Perspektive auf. So wird eine Identität nicht mehr über die vermeintliche Zugehörigkeit zu einem Staat festgemacht, sondern über lokale Referenzen oder überregionale Gruppenzugehörigkeit. Die praktisch-politische Umsetzung dieses Modells erfordert soziales Umdenken und Toleranz.

VI. Quellenverzeichnis

VI.1. Literatur

*Academics for Chile (1980): *Es posible el retorno de los chilenos exiliados?— Por un abogado en exilio en Gran Bretaña*; Academics for Chile: London.

*Amnesty International (Hg.) (1977a): *Colonia Dignidad: Deutsches Mustergut in Chile – ein Folterlager der DINA*; Klaus Becke: Frankfurt/M.

*Amnesty International (Hg.) (1977b): *Politisches Asyl in der Bundesrepublik Deutschland*; amnesty international publications: Bonn.

Angenendt, Steffen (2002): „Einwanderungspolitik und Einwanderungsgesetzgebung in Deutschland 2000- 2001"; in: Bade, Klaus J. & Rainer Münz (Hg.): *Migrationsreport 2002 — Fakten, Analysen, Perspektiven*; Campus: Frankfurt/M; 31-59.

Bade, Klaus J. (1992a): „Einführung: Das Eigene und das Fremde— Grenzerfahrungen in Geschichte und Gegenwart"; in: ders. (Hg.): *Deutsche im Ausland - Fremde in Deutschland — Migration in Geschichte und Gegenwart*; Beck: München; 15-25.

Bade, Klaus J. (1992b): „Einheimische Ausländer: ‚Gastarbeiter' – Dauergäste – Einwanderer"; in: ders. (Hg.): *Deutsche im Ausland - Fremde in Deutschland — Migration in Geschichte und Gegenwart*; Beck: München; 393–400.

Bade, Klaus J. (1992c): „Fremde Deutsche: ‚Republikflüchtige' – Übersiedler – Aussiedler"; in: ders. (Hg.): *Deutsche im Ausland - Fremde in Deutschland — Migration in Geschichte und Gegenwart*; Beck: München; 401-10.

Bade, Klaus J. (1992d): „'Politisch Verfolgte genießen...': Asyl bei den Deutschen — Idee und Wirklichkeit"; in: ders. (Hg.): *Deutsche im Ausland - Fremde in Deutschland — Migration in Geschichte und Gegenwart*; Beck: München; 411-22.

Bade, Klaus J. (1992e): „Politik in der Einwanderungssituation: Migration – Integration – Minderheiten"; in: ders. (Hg.): *Deutsche im Ausland - Fremde in Deutschland — Migration in Geschichte und Gegenwart*; Beck: München; 442-55.

Bade, Klaus J. (1997): „Einführung: Zuwanderung und Eingliederung in Deutschland seit dem Zweiten Weltkrieg“; in: ders. (Hg.): *Fremde im Land —Zuwanderung und Eingliederung im Raum Niedersachsen seit dem Zweiten Weltkrieg*; Schriften des Instituts für Migrationsforschung und interkulturelle Studien der Universität Osnabrück, Bd. 3; Rasch: Osnabrück; 9-44.

Bade, Klaus J. (2002): „Historische Migrationsforschung“; in: Oltmer, Jochen (Hg.): *Migrationsforschung und interkulturelle Studien*; Schriften des Instituts für Migrationsforschung und interkulturelle Studien der Universität Osnabrück, Bd.11; Rasch: Osnabrück; 55-74.

Bade, Klaus J. & Rainer Münz (2002a): *Migrationsreport 2002 —Fakten, Analysen, Perspektiven*; Campus: Frankfurt/M.

Bade, Klaus J. & Rainer Münz (2002b): „Einführung: Migration und Migrationspolitik — säkulare Entscheidungen für Deutschland“; in: dies. (Hg.): *Migrationsreport 2002 —Fakten, Analysen, Perspektiven*; Campus: Frankfurt/M; 11-29.

*Balke, Fred & Norbert Kreuzkamp & Diane Nagel & Thomas Seiterich (Hg.) (1983): *Mit dem Kopf hier – mit dem Herzen in Chile —zehn Jahre Diktatur – zehn Jahre Exil, Chilenen berichten*; Rowohlt Taschenbuch: Reinbek.

*Balsen, Werner & Karl Rössel (1986): *Hoch die internationale Solidarität — Zur Geschichte der Dritte Welt-Bewegung in der Bundesrepublik*; Kölner Volksblatt: Köln.

*Barrenechea, Carlos (1984): *Bundesrepublik und Chile —Die politischen und wirtschaftlichen Beziehungen der Bundesrepublik Deutschland zur Republik Chile während der Regierungen Frei, Allende und Pinochet*; Pahl-Rugenstein: Köln.

*Bartsch, Hans-Werner & Martha Buschmann & Gerhard Stuby & Erich Wulff (Hg.) (1974): *Chile —ein Schwarzbuch*; Pahl-Rugenstein: Köln.

Becker, David (1996): „Chile: Wirtschaftsmythos und Menschenrechtsrealität in der Nachdiktatur“; in: *Lateinamerika, Berichte und Analysen*, Bd. 20: „Offene Rechnungen“; Horlemann: Bad Honnef; 15-30.

Becker, Jörg (2002): „Migration ohne Integration? Temporäre Arbeitsmigration polnischer Saisonarbeiter nach Deutschland“; in: Swiaczny, Frank & Sonja Haug (Hg.): *Migration – Integration – Minderheiten —Neuere interdisziplinäre Forschungsergebnisse. Vorträge gehalten auf der 4. Tagung des Arbeitskreises Migration – Integration – Minderheiten der Deutschen Gesellschaft für Demographie (DGD) in Leipzig am 10. und 11. Oktober 2002;* Bundesinstitut für Bevölkerungsforschung: Wiesbaden; 7-16.

Benzler, Susanne (1997): „Migranten in Wartestellung: Asylsuchende und Flüchtlinge in Niedersachsen“; in: Bade, Klaus J. (Hg.): *Fremde im Land — Zuwanderung und Eingliederung im Raum Niedersachsen seit dem Zweiten Weltkrieg*; Schriften des Instituts für Migrationsforschung und interkulturelle Studien der Universität Osnabrück, Bd. 3; Rasch: Osnabrück; 213-48.

Benzler, Susanne (2002): „Sich selbst als andere verstehen. Internationale Gärten für Flüchtlinge und Einheimische“; in: Bade, Klaus J. & Jochen Oltmer (Hg.): *Zuwanderung und Integration in Niedersachsen seit dem Zweiten Weltkrieg*; Rasch: Osnabrück; 307-19.

Blahusch, Friedrich (1998): *Zuwanderungspolitik im Spannungsfeld ordnungspolitischer und ethnisch-nationalistischer Legitimationsmuster*; Diss. An der Universität Kassel, erschienen 1999 bei Peter Lang: Frankfurt/M.

Bommes, Michael (1997): „Von ‚Gastarbeitern' zu Einwanderern: Arbeitsmigration in Niedersachsen“, in: Bade, Klaus J. (Hg.): *Fremde im Land — Zuwanderung und Eingliederung im Raum Niedersachsen seit dem Zweiten Weltkrieg*; Schriften des Instituts für Migrationsforschung und interkulturelle Studien der Universität Osnabrück, Bd. 3; Rasch: Osnabrück; 249-322.

Bommes, Michael (2002): „Migration, Raum und Netzwerke. Über den Bedarf einer gesellschaftstheoretischen Einbettung der transnationalen Migrationsforschung“; in: Oltmer, Jochen (Hg.): *Migrationsforschung und interkulturelle Studien – Zehn Jahre IMIS*; Schriften des Instituts für Migrationsforschung und interkulturelle Studien der Universität Osnabrück, Bd. 11, Rasch: Osnabrück; 91-106.

Breuninger, Martin (1988): „Chilenen in der Bundesrepublik Deutschland: Flüchtlinge im doppelten Exil?“; in: Germershausen, Andreas & Wolf-Dieter Narr (Hg.): *Flucht und Asyl — Berichte über Flüchtlingsgruppen*; Berliner Institut für Vergleichende Sozialforschung e.V., Edition Parabolis: Berlin; 157-60.

Brinkmann, Beatriz (2001): „Die Stimme der Gefolterten darf nicht verstummen – Gerechtigkeit und Wiedergutmachung für Folteropfer“; in: *Solidaridad* #213, März/April 2001, Münster; 3-5.

Bude, Heinz (1984): „Rekonstruktionen von Lebenskonstruktionen — eine Antwort auf die Frage, was die Biographieforschung bringt“; in: Kohli, Martin & Günther Robert (Hg.), *Biographie und soziale Wirklichkeit*; J.B. Metzler: Stuttgart; 7-28.

Bukow, Wolf-Dietrich & Roberto Llaryora (1998): *Mitbürger aus der Fremde — Soziogenese ethnischer Minoritäten*; Westdeutscher: Opladen, 3. aktualisierte Auflage, 1. Auflage 1989.

Bundesministerium des Inneren (2002): *Bericht der Unabhängigen Kommission ‚Zuwanderung'*; nach URL: http://www.bmi.bund.de/top/dokumente/Artikel/ix_46929.htm; Stand Mai 2002, ausgedruckt am 31. 05. 2004.

Bundesministerium des Inneren (2004): „Zuwanderung – das neue Gesetz“; Broschüre, Berlin.

*Calderón, Hugo (1986): „Einleitung“; in: ders. (Hg.): *Chile – Chancen der Demokratie nach Pinochet*, Santiago de Chile; 9-24.

Callovi, Giuseppe (1992): „Regulation of Immigration in 1993: Pieces of the European Community Jig-Saw Puzzle“; in: Tomasi, Silvano M. (Hg.): *The New Europe and International Migration*; International Migration Review, Bd. 26, New York City: Center for Migration Studies; 353-72.

*Cariola, Patricio & Josefina Rossetti (1985): *Inserción laboral para el retorno — el caso de los exiliados chilenos*; Centro de Investigación y Desarrollo de la Educación (CIDE): Santiago de Chile.

*Chile-Informationsbüro e.V. (Hg.) (1999): *Chile so fern - so nah — Eine Dokumentation über 25 Jahre Chile-Solidaritätsbewegung*; Sonderausgabe der Zeitschrift *Solidaridad* zur gleichnamigen Wanderausstellung, Münster.

*Cleary Diabuno, Eda (November 1983): *Aspekte einer Soziologie des Exils von Chilenen in der Bundesrepublik Deutschland*; Magisterarbeit im Fach Soziologie an der Rheinisch-Westfälischen Technischen Hochschule Aachen.

*Comité 119 (2000): „Die Regierung Lagos — Radikalkritik einer sozialdemokratischen Modernisierungsstrategie“; in: *Solidaridad* #210, Sep/Okt 2000, Münster, übersetzt von Hannah Siebert & Olaf Kaltmeier; 8 f.

*Corvalan, Carlos & Gabriela Corvalan (1983): „10 Jahre Militärputsch – einige Überlegungen über unser Exil“; in: Kongress-Reader *Für Chiles Frei-*

heit, herausgegeben von den Veranstaltern, Münster, 24.-26. Juni 1983; 302 f.

*Corvalan, Carlos & Gabriela Reyes (1987): „Die Rückkehr: eine Erfahrung, mit der schon im Exil begonnen werden muß“; in: Quintana M., Ivan & Heiner Rosendahl: *Für das Recht; in der Heimat zu leben/ Por el Derecho a vivir en Lateinamerika Patria — Handbuch Rückkehr und Reintegration chilenischer Flüchtlinge/ Manual: Retorno y reintegración de exiliados chilenos*; World University Service: Wiesbaden; 28-34.

*Corvalan, Carlos (1989): „Folter und die Folgen — Ein Bericht aus der Arbeit des Psychosozialen Zentrums in Frankfurt“; in: Schulz-Hageleit, Peter (Hg.): *Alltag – Macht – Folter — Elf Kapitel über die Verletzung der Menschenwürde*; Pathmos: Düsseldorf; 61-83.

Decker, Frauke (1982): *Ausländer im politischen Abseits — Möglichkeiten ihrer politischen Beteiligung*; Campus: Frankfurt/M.

*DGB-Landesbezirk Niedersachsen (1985): *12 Jahre Gewerkschaftliche Solidarität mit Chile (Rudi Krautter gewidmet)*; Hannover.

*Duve, Freimut & „Komitee Solidarität mit Chile“ (Hg.) (1973): *Konterrevolution in Chile — Analysen und Dokumente zum Terror*; Rowohlt Taschenbuch: Reinbek.

*Eisenbürger, Gert & Informationsstelle Lateinamerika Bonn (Hg.) (1995): *Lebenswege — 15 Biographien zwischen Europa und Lateinamerika*; Libertäre Assoziation: Hamburg.

*Fischer, Christine (2003): *Chilene von Herzen und Deutscher von der Kultur — Chilenische Immigranten in Hannover*; Beitrag zum Schülerwettbewerb Deutsche Geschichte um den Preis des Bundespräsidenten zum Thema: „Weggehen – Ankommen. Migration in der Geschichte“.

Flick, Uwe (2002): *Qualitative Sozialforschung — eine Einführung*; Rowohlt: Reinbek, 1. Ausgabe 1995.

*García Márquez, Gabriel (1987): *Das Abenteuer des Miguel Littín — Illegal in Chile*; Kiepenheuer & Witsch: Köln.

Geiling, Heiko (1996): *Das andere Hannover — Jugendkultur zwischen Rebellion und Integration in der Großstadt*; Offizin: Hannover.

*Germershausen, Andreas & Wolf-Dieter Narr (Hg.) (1988): *Flucht und Asyl — Berichte über Flüchtlingsgruppen*; Berliner Institut für Vergleichende Sozialforschung e.V., Edition Parabolis: Berlin.

Goebel, Dorothea & Ludger Pries (2002): „Transnationale Migration und die Inkorporation von Migranten“; in: Swiaczny, Frank & Sonja Haug (Hg.): *Migration – Integration – Minderheiten — Neuere interdisziplinäre Forschungsergebnisse. Vorträge gehalten auf der 4. Tagung des Arbeitskreises Migration – Integration – Minderheiten der Deutschen Gesellschaft für Demographie (DGD) in Leipzig am 10. und 11. Oktober 2002;* Bundesinstitut für Bevölkerungsforschung: Wiesbaden; 35-48.

*Hamm, Horst & Wolfgang Jung & Heidi Knott (1988): *Flucht nach Deutschland — Lebensberichte*; Dreisam: Freiburg.

Han, Petrus (2000): *Soziologie der Migration — Erklärungsmodelle, Fakten Politische Konsequenzen, Perspektiven*; Lucius & Lucius: Stuttgart.

Hans-Böckler-Stiftung (Studien- und Mitbestimmungsförderungswerk des DGB) (1981): *Chile-Info*; Hamburg, Berlin, Düsseldorf.

Herwartz-Emden, Leonie & Manuela Westphal (1997): „Die fremden Deutschen: Einwanderung und Eingliederung von Aussiedlern in Niedersachsen“, in: Bade, Klaus J. (Hg.): *Fremde im Land — Zuwanderung und Eingliederung im Raum Niedersachsen seit dem Zweiten Weltkrieg*; Schriften des Instituts für Migrationsforschung und interkulturelle Studien der Universität Osnabrück, Bd. 3; Rasch: Osnabrück; 167-212.

*Heynowski, Walter & Gerhard Scheumann (1974): *Der Krieg der Mumien — Analyse des faschistischen Putsches in Chile (September 1973)*; Dokumentarfilm, DDR.

Hoffmann-Nowotny, Hans-Joachim (1973): *Soziologie des Fremdarbeiterproblems — Eine theoretische und empirische Analyse am Beispiel der Schweiz*; Ferdinand Enke: Stuttgart.

Hollifield, James F. (2003): „Offene Weltwirtschaft und nationales Bürgerrecht: das liberale Paradox“; in: Thränhardt, Dietrich & Uwe Hunger (Hg.): *Migration im Spannungsfeld von Globalisierung und Nationalstaat*; „Leviathan“ Sonderheft 22/2003, Westdeutscher Verlag: Wiesbaden; 35-57.

*Holz, Pedro & Irmtrud Wojak (2000): „Chilenische Exilanten in der Bundesrepublik Deutschland (1973-1989)“, in: Krohn, Claus-Dieter & Erwin Rotermund & Lutz Winckler & Wulf Koepke (Hg.): *Exile im 20. Jahrhundert*; Jahrbuch Exilforschung, Bd. 18, edition text + kritik: München; 168-90.

*Imholz, Barbara (1997): „Chile-Solidaritätsbewegung 1973 bis heute"; in: *Solidaridad* #191, Juli/Aug 1997, Münster; 3-6.

*Issel, Barbara (1990): *Zur Problematik von Exil und Rückkehr chilenischer Flüchtlinge in der Bundesrepublik Deutschland*; Diplom-Arbeit im Fach Pädagogik, Westfälische Wilhelms-Universität Münster.

*Issel, Barbara (1995): „Die chilenische Minderheit"; in: Schmalz-Jacobsen, Cornelia & Georg Hansen (Hg.): *Ethnische Minderheiten in der Bundesrepublik Deutschland — Ein Lexikon*; C.H. Beck: München; 106-119.

Jackisch, Carlota (1994): „Einwanderungspolitik und öffentliche Meinung in Argentinien 1933-45", in Kohut, Karl & Patrick von zur Mühlen (Hg.): *Alternative Lateinamerika — Das deutsche Exil zur Zeit des Nationalsozialismus*; Vervuert: Frankfurt/M; 43-53.

*Kaltmeier, Olaf (1999): „Wie ein grünes Blatt am Baum — Chile-Solidarität im Zeichen des Neoliberalismus"; in: *Solidaridad* #200, Jan/Feb 1999, Münster; 3-6.

*Kaltmeier, Olaf (2000): „FUNA – Ein Jahr Menschenrechte als Widerstand"; in: *Solidaridad* # 211, Nov/Dez 2000, Münster; 3-4.

*Klausmeier, Simone (1984): *Vom Asylbewerber zum „Scheinasylanten" — Asylrecht und Asylpolitik in der Bundesrepublik Deutschland seit 1973*; Express Edition: Berlin.

Kleineke, Dagmar (2002): „Das Grenzdurchgangslager Friedland: Heimkehrer, Flüchtlinge und Vertriebene, Um- und Aussiedler"; in: Bade, Klaus J. & Jochen Oltmer (Hg.): *Zuwanderung und Integration in Niedersachsen seit dem Zweiten Weltkrieg*; Rasch: Osnabrück; 131-166.

Kober, Ulrich (2002): „Strategien bürgerschaftlichen Engagements bei der Integration von Zuwanderern"; in: Swiaczny, Frank & Sonja Haug (Hg.): *Migration – Integration – Minderheiten — Neuere interdisziplinäre Forschungsergebnisse. Vorträge gehalten auf der 4. Tagung des Arbeitskreises Migration – Integration – Minderheiten der Deutschen Gesellschaft für Demographie (DGD) in Leipzig am 10. und 11. Oktober 2002;* Bundesinstitut für Bevölkerungsforschung: Wiesbaden; 129-141.

Köchling, Egbert (1982): „Bürgerinitiative in Sachen Asyl – Aus der Arbeit einer Amnesty International-Gruppe“; in: Spaich, Herbert (Hg.): *Asyl bei den Deutschen — Beiträge zu einem gefährdeten Grundrecht*; Rowohlt Taschenbuch: Reinbek; 182-95.

Kohut, Karl (1994): „Einführung – Alternative Lateinamerika“; in: Kohut, Karl & Patrick von zur Mühlen (Hg.): *Alternative Lateinamerika — Das deutsche Exil zur Zeit des Nationalsozialismus*; Vervuert: Frankfurt/M; 9-12.

Kürşat-Ahlers, Elçin (1993): „Auf der Strecke geblieben — Beziehungen und Gefühle zwischen Verlust und Wiedergewinnung in der Migration“; in: *betrifft: mehrheiten – minderheiten*; Zeitschrift hrsg. von der Ausländerbeauftragten des Landes Niedersachsen, 1/93; 5-8.

Lenz-von Traitteur, Carola (1992): „Keine klare Perspektive“; in: *betrifft: mehrheiten – minderheiten*; Zeitschrift hrsg. von der Ausländerbeauftragten des Landes Niedersachsen, 4/92; 7-8.

Marmora, Leopold (1985): „Für eine nationale Identität“; in Balsen, Werner & Karl Rössel: *Hoch die internationale Solidarität — Zur Geschichte der Dritte Welt-Bewegung in der Bundesrepublik*; Kölner Volksblatt: Köln, 1986; 568-71.

Maurin, Jost (2003): „Die DDR als Asylland: Flüchtlinge aus Chile 1973-1989“; in: *Zeitschrift für Geschichtswissenschaft*, Bd. 51, Heft 9, September 2003; Berlin; 814-31.

*Medico International & Deutsche Kommission für Menschenrechte in Chile & Europäische Solidaritätskommission für Chile & Lateinamerika-Nachrichten (Hg.) (1987): *In Chile von der Todesstrafe bedroht – in der Bundesrepublik zum SIcherheitsrisiko erklärt*; Oktoberdruck: Berlin.

Meinhardt, Rolf (2002): „Asylsuchende und Bürgerkriegsflüchtlinge in Niedersachsen“; in: Bade, Klaus J. & Jochen Oltmer (Hg.): *Zuwanderung und Integration in Niedersachsen seit dem Zweiten Weltkrieg*; Universitätsverlag Rasch: Osnabrück; 273-306.

Meller, Patricio (2000): *The Unidad Popular and the Pinochet Dictatorship — A Political Economy Analysis*; Macmillan: London.

Mignat, Jochen (1990): „Arbeitslosigkeit in Hannover 1877 bis 1989“; in: *Hannoversche Geschichtsblätter*, Bd. 44 (Neue Folge); 79-132.

Mlynek, Klaus & Waldemar R. Röhrbein (Hg.) (1991): *Hannover Chronik — Von den Anfängen bis zur Gegenwart. Zahlen, Daten, Fakten*; Schlütersche: Hannover.

Müller-Plantenberg, Urs (1978): „Fragen an unseren Internationalismus"; in: Balsen, Werner & Karl Rössel: *Hoch die internationale Solidarität — Zur Geschichte der Dritte Welt-Bewegung in der Bundesrepublik*; Kölner Volksblatt: Köln, 1986; 360-6.

*Müller-PLantenberg, Urs (1999): „Historische Grundlagen des Putsches in Chile mit Blick auf die Solidaritätsbewegung in Europa"; in: ders.: *Nachschläge — Ausgewählte politisch-soziologische Arbeiten 1997-2001*; LIT: Münster, 2002; 74-83.

*Müller-Plantenberg, Urs (2000): „Chile: Keine Angst vor dem Sozialismus"; in: *Lateinamerika, Analysen und Berichte*, Bd. 23 „Migrationen", Horlemann: Bad Honnef; 168-77.

*Müller-Plantenberg, Urs (2001): „La izquierda chilena en el exilio alemán"; Vortrag auf dem IForum Internationale Politik, Länderseminar Chile (Kultur und Entwicklung), Fritz-Erler-Akademie Freudenstadt, 22. - 24. 06. 2001; deutsche Übersetzung in: ders.: *Nachschläge — Ausgewählte politisch-soziologische Arbeiten 1997-2001*; LIT: Münster, 2002; 84-91.

Münz, Rainer & Myron Weiner (1997): „Conclusion: Policies to Reduce Refugee Flows and Pressures for Emigration"; in: dies. (Hg.) *Migrants, Refugees and Foreign Policy — U.S. and German Policies toward Countries of Origin*; Berghahn: Providence, U.S.; 323-355.

*NDR Info (2003): Rundfunksendung *Das Feature:* „Mein Vater gegen Pinochet — Der Militärputsch in Chile und seine Folgen für die Familie Simon"; 07. 09. 2003, 11.05-12 Uhr; Manuskript der Sendung.

*Nuscheler, Franz (1984): *Nirgendwo Zuhause — Menschen auf der Flucht*; Signal: Baden-Baden.

Nuscheler, Franz (2002): „Süd-Nord-Migration: ein »globaler Marsch« ?"; in: Bade, Klaus J. & Rainer Münz (Hg.): *Migrationsreport 2002 — Fakten, Analysen, Perspektiven*; Campus: Frankfurt/M; 99-118.

Opitz, Peter J. (1997): „Das Flucht- und Migrationsgeschehen seit dem Ende des zweiten Weltkriegs — Befunde, Bilanzen, Perspektiven"; in: ders. (Hg.): *Der globale Marsch — Flucht und Migration als Weltproblem*; C. H. Beck: München; 15-55.

Pagenstecher, Cord (1996): „Die ‚Illusion' der Rückkehr – Zur Mentalitätsgeschichte von ‚Gastarbeit' und Einwanderung"; in: *Soziale Welt* 47; 149-79.

Parisius, Bernhard (2002): „'...und ahnten, daß hier die Welt zu Ende ist.' Aufnahme und Integration von Flüchtlingen und Vertriebenen im Westen Niedersachsens"; in: Bade, Klaus J. & Jochen Oltmer (Hg.): *Zuwanderung und Integration in Niedersachsen seit dem Zweiten Weltkrieg*; Rasch: Osnabrück; 37-68.

Posen, Barry (1997): „Can Military Intervention Limit Refugee Flows?"; in: Münz, Rainer & Myron Weiner (Hg.): *Migrants, Refugees and Foreign Policy— U.S. and German Policies toward Countries of Origin*; Berghahn: Providence; 273-322.

*Quezada Cabrera, Hernán (1990): *Chile und der Schutz der Menschenrechte auf internationaler Ebene*; Dissertation im Fachbereich Rechtswissenschaften an der Universität Hamburg.

*Quintana M., Ivan & Heiner Rosendahl (1987): *Für das Recht; in der Heimat zu leben/ Por el Derecho a vivir en la Patria —Handbuch Rückkehr und Reintegration chilenischer Flüchtlinge/ Manual: Retorno y reintegración de exiliados chilenos*; World University Service: Wiesbaden.

Renner, Günter (2002): „Aktuelle und ungelöste Probleme des Asyl- und Flüchtlingsrechts"; in: Bade, Klaus J. & Rainer Münz (Hg.): *Migrationsreport 2002 —Fakten, Analysen, Perspektiven*; Campus: Frankfurt/M; 179-205.

* Rojas Hernández, Jorge (1982): „Die Entwurzelten", in: *Umbruch* #1; 13-5. Gefunden in: Archiv I, Ordner *DGB-Arbeitskreis (Arbeitspapiere).*

*Rojas Hernández, Jorge (2001): „Vivir entre dos culturas: La difícil sustentación de la diferencia", in: *Atenea* #483, Universidad de Concepción (Chile); 173-188.

Schmitter Heisler, Barbara (1992): „The Future of Immigrant Incorporation: Which Models? Which Concepts?" in: Tomasi, Silvano M. (Hg.): *The New Europe and International Migration*; International Migration Review, Bd. 26; Center for Migration Studies: New York City; 623-45.

Schöneberg, Ulrike (1982): „Bestimmungsgründe der Integration und Assimilation ausländischer Arbeitnehmer in der Bundesrepublik Deutschland und der Schweiz"; in: Hoffmann-Nowotny, Hans-Joachim & Karl-Otto Hondrich

(Hg.): *Ausländer in der Bundesrepublik Deutschland und in der Schweiz — Segregation und Integration: Eine vergleichende Untersuchung;* Campus: New York/Frankfurt/M; 449-568.

Schulze, Rainer (2002): „'Wir leben ja nun hier.' Flüchtlinge und Vertriebene in Niedersachsen — Erinnerung und Identität"; in: Bade, Klaus J. & Jochen Oltmer (Hg.): *Zuwanderung und Integration in Niedersachsen seit dem Zweiten Weltkrieg*; Rasch: Osnabrück; 69- 100.

Senkman, Leonardo (1994): „Parias und Privilegierte: Die jüdischen und spanischen Flüchtlinge in Mexiko und Argentinien 1939-45 — Eine vergleichende Studie", in: Kohut, Karl & Patrick von zur Mühlen (Hg.): *Alternative Lateinamerika — Das deutsche Exil zur Zeit des Nationalsozialismus*; Vervuert: Frankfurt/M; 54-78.

Statistisches Amt der Landeshauptstadt Hannover (Hg.) (verschiedene Jahrgänge): *Statistischer Vierteljahresbericht der Landeshauptstadt Hannover.*

Stöber, Margit (1990): *„Politisch Verfolgte genießen Asylrecht" — Positionen und Konzeptionen von CDU/CSU zu Artikel 16, Absatz 2, Satz 2, Grundgesetz, 1978 bis 1989*; Verlag für Wissenschaft und Bildung: Berlin.

Stuby, Gerhard & Erich Wulff (Hg.) (1977): *Nürnberger Verhandlungen gegen die Verbrechen der Militärjunta in Chile*; Pahl-Rugenstein: Köln.

Suhrke, Astri (1997): „Uncertain Globalization: Refugee Movements in the Second Half of the Twentieth Century"; in: Gungwu, Wang (Hg.): *Global History and Migrations*; Westview: Boulder, Colorado; 217-237.

*Szendro Terán, Patricia C. (2003): *Exil und Integration — Erfahrungen und Selbstkonzepte von ChilenInnen in Deutschland analysiert anhand biographischer Interviews*; Diplomarbeit an der Universität Hannover, Institut für Soziologie, Fachbereich Sozialwissenschaften.

Treibel, Annette (1999): *Migration in modernen Gesellschaften — Soziale Folgen von Einwanderung, Gastarbeit und Flucht*; 2. neubearbeitete Auflage, Juventus: Weinheim/München, 1. Auflage 1990.

UNHCR: Basis Informationen, veröffentlicht am 09. 02. 2004, ausgedruckt am 23. 02. 2004; URL: http://www.unhcr.de/unhcr.php/cat/8/aid/164.

Vack, Klaus (1986): „Bewegung kommt auch von bewegt sein"; in: Balsen, Werner & Karl Rössel: *Hoch die internationale Solidarität — Zur Geschich-*

te der Dritte Welt-Bewegung in der Bundesrepublik; Kölner Volksblatt: Köln; 371-3.

*Walther, Peter C. (1973): *Ist Chile bei uns möglich? — Reaktionen auf den militärfaschistischen Putsch in Chile. Oder: Wie hält es die deutsche Rechte mit der Demokratie?*; Röderberg: Frankfurt/M.

*Weber, Antje (1999): „Keine Chance zur Wiedereingliederung – Zahlreiche Rückkehrer sind völlig ruiniert"; in: *Solidaridad* # 205, Nov/Dez 1999, Münster; 9 f.

Weber, Ralf (1998): *Extremtraumatisierte Flüchtlinge in Deutschland — Asylrecht und Asylverfahren*; Campus: Frankfurt/M.

Wennemann, Adolf (1997a): „Flüchtlinge und Vertriebene in Niedersachsen: Vergangenheitsorientierung und Strukturwandel", in: Bade, Klaus J. (Hg.): *Fremde im Land — Zuwanderung und Eingliederung im Raum Niedersachsen seit dem Zweiten Weltkrieg*; Schriften des Instituts für Migrationsforschung und interkulturelle Studien der Universität Osnabrück, Bd. 3; Rasch: Osnabrück; 77- 124.

Wennemann, Adolf (1997b): „Zwischen Emanzipation und Konformitätsdruck: Zuwanderer aus SBZ und DDR in Niedersachsen", in: Bade, Klaus J. (Hg.): *Fremde im Land — Zuwanderung und Eingliederung im Raum Niedersachsen seit dem Zweiten Weltkrieg*; Schriften des Instituts für Migrationsforschung und interkulturelle Studien der Universität Osnabrück, Bd. 3; Universitätsverlag: Osnabrück; 125-166.

Wojak, Irmtrud (1994): *Exil in Chile — Die deutsch-jüdische und politische Emigration während des Nationalsozialismus 1933-45*; Metropol: Berlin.

Wolken, Simone (1987): „Sprachregelungen", in: Klemt-Kozinowsky, Gisela & Helmut Koch & Luise Scherf & Heinke Wunderlich (Hg.): *Platz zum Leben gesucht — Lesebuch Asyl*; Signal: Baden-Baden; 160.

*Yañez Barrios, Pablo (1983): *Antenor Flores — Das Leben eines chilenischen Arbeiters, erzählt im Exil*; Lamuv: Bornheim-Merten.

*Zeitlin, Maurice (1984): *The Civil Wars in Chile (or the bourgeois revolutions that never were)*; Princeton UP: New Jersey.

Zolberg, Aristide R. & Astri Suhrke & Sergio Aguayo (1989): *Escape from Violence — Conflict and the Refugee Crisis in the Developing World*; Oxford UP: New York City.

VI.2. Zeitschriften und Zeitungen

Análisis; chilenische Wochenzeitschrift.

Atenea, Zeitschrift der Universität Concepción, Chile.

betrifft: mehrheiten – minderheiten; zweimonatliche Zeitschrift hrsg. von der Ausländerbeauftragten des Landes Niedersachsen.

**Chile-Info* des DGB-Chile-Arbeitskreises Hannover.

Der Gewerkschafter, Monatszeitschrift der Funktionäre der IG Metall, Frankfurt/M.

**Don Reca – Zeitschrift für die Solidarität mit Chile*, Frankfurt/M.

Frankfurter Rundschau.

Hannoversche Allgemeine Zeitung.

Hannoversche Geschichtsblätter, Vereinszeitschrift des „Historischen Vereins für Niedersachsen", hrsg. von der Landeshauptstadt Hannover.

Ila, Monatszeitschrift der Informationsstelle Lateinamerika, Bonn.

Neue Hannoversche Presse / Neue Presse.

**Solidaridad*, zweimonatliche Zeitschrift des Chile-Informationsbüros e. V., Münster.

Umbruch.

VI.3. Archive

<u>Archiv I:</u> *Dokumentationsstelle Lateinamerika*; Einrichtung des Soziologischen Instituts der Universität Hannover, Am Schneiderberg 50, Raum V 212.

<u>Archiv II</u>: *AStA-Archiv* der Universität Hannover; Welfengarten 2c.

<u>Archiv III:</u> *Stadtarchiv Hannover*, Am Bokemahle 14-16.

VI.4. Interviews

Ehemalige Mitglieder des DGB-Chile-Arbeitskreises:

Alfred Klose, am 22.10.2003; Mitschrift. Er ist aktiver Gewerkschafter und war Mitglied des Chile-Arbeitskreises des DGB in Hannover.

Jürgen Eckl, am 13.01.2004, 11 Uhr bis 14.30 Uhr, in seinem Büro im DGB-Gebäude in Berlin; Mitschrift und Tonbandaufnahme (90 Minuten). Jürgen Eckl ist Internationalismussekretär im DGB-Bundesvorstand. Er war 1972/73 in Chile als Betreuer für ausländische Journalisten in der Pressestelle Allendes tätig, ab etwa Juli 1973 als Dozent an der Universität Hannover, Sprecher des hannoverschen Chile-Komitees und ab 1976 hauptamtlich für den DGB tätig.

Amnesty International-Mitglieder:

Margot Matthias, am 15.10.2003; Mitschrift. Sie ist die ehemalige Sprecherin von *Amnesty International,* Bezirk Hannover und Leiterin der Chile-Arbeit.

Johann Rajcek und seine Frau Gesine (Namen geändert), am 10.11.2003, Mitschrift. Sie betreuten eine chilenische Familie und einen Tschechen, der auch in Chile inhaftiert gewesen war.

Heide Müller (Name geändert), telefonisches Interview am 27.10.2003, Mitschrift. Sie ist Oberstufenlehrerin (damals noch Studentin), half ChilenInnen mit Einkauf, Ämtern etc.

Anne Schneider (Name geändert), gemeinsames Interview mit Hannah Schuster am 07.12.2003; Mitschrift. Sie betreute zwei chilenische Familien gemeinsam mit Rudi Krautter, und ist bis heute in der Dritte-Welt-Bewegung aktiv.

Andere AktivistInnen der Chile-Solidarität:

Hannah Schuster (Name geändert), gemeinsames Interview mit Anne Schneider am 07.12.2003, Mitschrift. Sie kam 1980 aus Göttingen nach Hannover und war bei CAMUR aktiv. Sie ist bis heute in der Dritte-Welt-Bewegung aktiv.

Bernd Grimpe, am 03.12.2003, in seinem Büro; Mitschrift. Er war 1973 bereits im Büro des Oberbürgermeisters Hannover angestellt.

Evamarie Dietrich, am 02.09.2003 & 09.10.2003; Mitschrift. Sie ist Mitbegründerin der *Kinderhilfe Chile* Hannover.

Prof. Dr. Klaus Meschkat, am 23.10.2003; Mitschrift. Er erlebte den Putsch in Chile und bekam nach seiner Rückkehr eine Anstellung als Lateinamerika-Fachmann am Soziologischen Institut der Universität Hannover. Vor kurzem emeritierte er.

Martin Ostermann, am 24.11.2003 im Chile-Informationsbüro e. V. in Münster; Mitschrift. Er war im Chile-Solidaritäts-Komitee Münster und im Vorstand des bundesweiten *Deutsch-Chilenischen Solidaritäts- und Rückkehrkomitees*.

Melanie Esser (Name geändert), am 18.12.2003; Mitschrift. Sie war zunächst Chile-Aktivistin in Göttingen, kam 1980 nach Hannover, wo sie bei CAMUR aktiv war. Sie ist bis heute in der Internationalismus-Arbeit engagiert.

<u>ChilenInnen (alle Namen geändert):</u>

Miguel Gonzales am 22.09.2003; Mitschrift. Er ist seit Dez. 1973 in Hannover.

Ana García am 10.10.2003; Mitschrift. Sie ist seit März 1974 in Hannover.

Isabel Montes, 22.12.2003; Mitschrift und Tonbandaufnahme (90 Minuten). Sie ist seit Dez. 1978 in Hannover.

Manuel Herreras am 02.10.2003; Mitschrift. Sein erstes Exil war in Belgien, dann in der UdSSR und Holland, seit 1990 lebt er in Hannover.

Ines Valdez am 23.09.2003; Mitschrift. Sie wurde als Tochter zweier Exilierter in Hannover geboren. Im Alter von zehn Jahren zog sie mit ihrer Mutter nach Chile, seit zwei Jahren ist sie wieder in Hannover.

Sara Rodriguez am 18.11.2003; Mitschrift. Sie ist als Ehefrau eines Deutschen, nicht als Flüchtling hier, verfolgte aber die Exiliertenpolitik in Chile bis 1978 und kennt einige der chilenischen Exilierten in Hannover.

Interviews, die ich nicht selbst geführt habe:

Ariosto José Müller-Alarcon, wörtliche Transkription eines Interviews vom 18.09.2001, im Rahmen der Ausstellung „Hier geblieben" von der *Niedersächsischen Landeszentrale für politische Bildung*; mit persönlicher, telefonischer Genehmigung von A. J. Müller-Alarcon. Er war chilenischer Journalist, und lebte ab 1976 im Exil in Peine.

Iván Saldías, interviewt von Olaf Kaltmeier & Sergio Román Serra, Okt. 2001. Abgedruckt in: *Solidaridad* #217, Nov/Dez 2001: 5-8; Übersetzung und Transkription Julia Diemer. Er war Vorsitzender der Europäischen Koordinierung der Solidarität mit Chile (COSECH) und Exilierter, heute ist er in der Koordination der unabhängigen sozialen Organisationen in Chile tätig.

Erich Süssdorf, interviewt von Balsen/Rössel; in: Balsen/Rössel 1986: 367-71. Er war Mitbegründer des Komitees „Solidarität mit Chile" in Westberlin.

Werner & Ulli Simon, in: NDR Info (2003): Rundfunksendung *Das Feature:* „Mein Vater gegen Pinochet – Der Militärputsch in Chile und seine Folgen für die Familie Simon"; 07.09.2003, 11.05-12 Uhr; Manuskript der Sendung. Sie sind Deutsch-Chilenen und ehemalige Flüchtlinge vor der Militärdiktatur in der BRD.

Helmut Frenz, in: NDR Info (2003): Rundfunksendung *Das Feature:* „Mein Vater gegen Pinochet – Der Militärputsch in Chile und seine Folgen für die Familie Simon"; 07.09.2003, 11.05-12 Uhr; Manuskript der Sendung. Er war Bischof der lutheranischen Kirche in Santiago und Fluchthelfer, heute wohnhaft in Deutschland.

Anhang

Tabelle 1

ChilenInnen in Hannover

Quelle: Ausländerzentralregister-Auswertungsdienst, freie zahlenmäßige Auswertung des Hannoverschen Amtes für Statistik und Wahlen

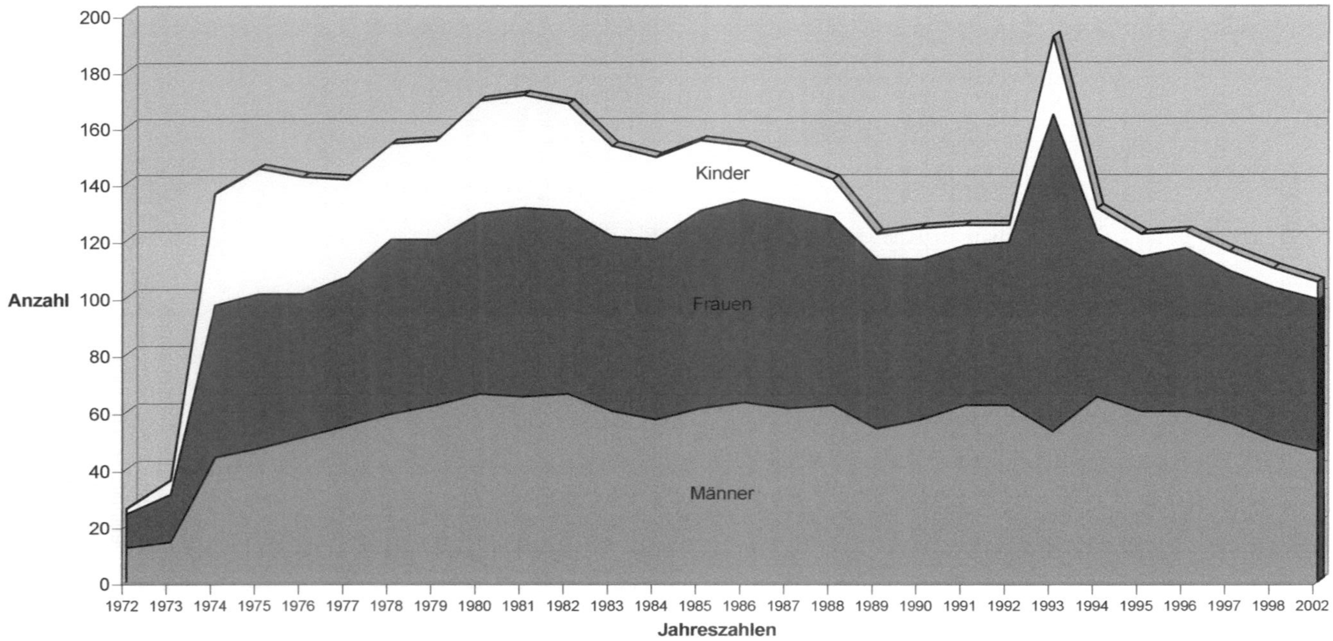

Tabelle 2

Rechtsstatus der ChilenInnen in Hannover

Jahr	AE befr.[1]	AE unbefr.[2]	AB[3]	Asyl-ber.[4]	Dul-dung	FP[5]	Ausl. Fl.[6]	Asyl abgel.[7]	Anzahl der ChilenInnen
1973[8]	29								36
1974	81	2							136
1975	45	43	1	64					145
1976	49	47	2	58		1	1		142
1977	52	41	2	53		2	1		141
1978	56	36	2	54		2	1		154
1979	54	40	1	61	16	2	1		155
1980	51	43	1	71	17	2	1		169
1981	53	42	1	77	17	1	2		171
1982	56	45	1	73	17	1	2		168
1983	41	52	1	77	17	2	2		153
1984	44	51	1	68	16	2	1		149
1985	50	53	2	67	15	2	0		155
1986	48	55	3	63	14	2	0		153
1987	50	50	3	63	11	2	0		147
1988	49	50	3	59	11	1	0		141
1989	26	59	3	54	9	2	0		122
1990	32	59	3	54	7	0		1	124
1991	33	55	6	53	6	0		2	125
1992	29	53	7	51	6	0		2	125
1993	29	51	7	50	6	0		2	136
1994	29	50	8	47		0		1	131
1995	25	50	7	44		0		1	122
2002		38		24				3	105

Quelle: Ausländerzentralregister-Auswertungsdienst, freie zahlenmäßige Auswertung des Hannoverschen Amtes für Statistik und Wahlen

Die leeren Felder zeigen an, dass im Register keine Angabe dazu war.

[1] = befristete Aufenthaltserlaubnis
[2] = unbefristete Aufenthaltserlaubnis
[3] = Aufenthaltsberechtigung
[4] = Asylberechtigung
[5] = Fremdenpass (von UNO)
[6] = Ausländischer Flüchtling (d. h. der Asylantrag ist in Bearbeitung)
[7] = Asylantrag abgelehnt
[8] Stand 11.11.1973

Tabelle 3

Die Berufsverteilung mir bekannter ChilenInnen

In Chile gelernt	in Deutschland ausgeübt
Bauingenieur	Bauingenieur, zeitweilig Spanischlehrer
Lehrerin	Lehrerin
Krankenschwester	Krankenschwester; zuerst Pflegehelferin
Bauingenieur	zuerst Gelegenheitsjobs in einer Spedition o.ä., heute Mitbetreiber einer kleinen Reinigungsfirma
Student der Soziologie	Dozent für Soziologie
Kunststudium	Aufbaustudium Fotographie
Studentin der Sozialarbeit	Sozialarbeiterin, seit einigen Jahren in Chile für Organisationen tätig
Biologiestudium begonnen	Kochausbildung, z.Z. Fernstudium orientalische Medizin
Soziologin	Spanischlehrerin
Journalist	Sprachlehrer und Betreiber eines Übersetzerbüros, zwischenzeitlich für ein paar Jahre Industriearbeiter

Die Mehrheit dieser Menschen konnte sich, mehr oder weniger leicht, wieder in dem bereits in Chile eingeschlagenen Berufsweg weiterbilden bzw. arbeiten.

Dokument A
Phasenmodell zum Gefühlsleben von MigrantInnen

Die hannoversche Soziologin Elçin Kürşat-Ahlers stellte ein mögliches Modell für die „Phasen des Heimischwerdens" aus der „spärliche[n] Literatur" dazu zusammen:[1]

„1.a) Phase des intensiven Schmerzes um das Verlassene und Verlorene, Gefühl der Einsamkeit und Schutzlosigkeit und Angst, manchmal Desorientierung.

b) Phase der übersteigerten Anpassung, Leistung und Aktivität, der Verleugnung, bzw. Verharmlosung der Intensität des Einschnittes in die eigene Biographie, Überbewertung der Vorteile und Überlegenheit der Aufnahmegesellschaft (manische Überkompensation).

2. Phase der Nostalgie, in der die verdrängten und verleugneten Trennungsschmerzen, Verlustgefühle und Trauer bewusst und ausgelebt werden. Erst jetzt entsteht eine wahre Interaktion zwischen der ‚inneren Welt' und der ‚äußeren Welt'.

3. Auch wenn die Trauer um die verlorene Heimat und die verlorenen Beziehungen nie ganz abgeschlossen wird, beginnt das neue Identitätsgefühl sicherer zu werden; die Ich-Fähigkeiten werden wiedererlangt, sogar bereichert; auch ein subjektives Gefühl des Ich-Wachstums beginnt. Man hat jetzt den Mut, die Gegenwart und die Anwesenheit der neugewonnenen ‚Mitmenschen' wirklich zu leben, realistische Zukunftspläne zu machen und sich die Vergangenheit anzueignen, zu akzeptieren und in das eigene neue Ich zu integrieren, aber sie als etwas ‚abgeschlossenes' zu betrachten."[2]

---

[1] Kürşat-Ahlers 1993: 8.
[2] Ebenda.

Ausschnitt aus der Tonbandabschrift des Interviews mit Jürgen Eckl am 13. 01. 2004

„Da waren also sehr massive Verdrängungen zugange. [...] Normalerweise wollte man das nicht nach außen [unverständlich]. Das hat auch wieder etwas mit der politischen Identität zu tun. Ich hab' viele Freunde, Neuankömmlinge zuerst in meiner Wohnung gehabt, in der Kommune in der ich damals wohnte, und da hast du schon mitgekriegt, dass da Schlafstörungen vorlagen und so. [...] aber es waren nur zwei oder drei Fälle wo wir tatsächlich äh, Freunde, äh, in Behandlung na man muss schon sagen zwängen mussten. Das ist etwas eigentümliches am Menschen, dass wenn er fliehen muss, wenn er ins Exil gehen muss, dann ist die Bewältigung des Alltags dermaßen hoch, dass das Durchhängen wie ein Luxus erscheint, den man sich nicht erlauben kann. Und wo man mit Verdrängung besser über die Runden kommt. [...] und dann passiert was noch viel besseres eigentlich bei uns. Es ist dann zwar erst mal verdrängt, aber wenn es wiederkehrt, wird es verarbeitet als Anekdote. Das ist mir sehr oft aufgefallen. Und die dritte Phase ist dann, dass es wieder auftaucht als Heldenmythos der eigenen Biographie. Da wird es dann ausgestellt, aber erst dann kann man es ausstellen. In der ersten Phase, wo es noch wehtut, muss es verdrängt werden, damit man weiterleben kann, in der zweiten Phase ist es dann so etwas wo man mal was einfließen lässt, oder man belustigt sich förmlich über das Leid, das man hatte. Also wenn man ein gewisses Stadium gemeinsamer Trunkenheit erreicht, dann fängt man an und scherzt über diese Erfahrung. Das ist auch ein ganz komischer Mechanismus, den ich aber auch bei meinen Freunden und Freundinnen beobachten konnte. Aber das Trauma als Beängstigendes, Bedrängendes, das taucht in diesen drei Phasen der Bearbeitung ja nicht auf. [...] Ich weiß jetzt nicht, ob es wiederkehrt als Alptraum oder so, aber wenn es geäußert wird, hast du das Gefühl, es wird schon als Verdrängtes bearbeitet, wenn es überhaupt geäußert wird.

[...]

Bei denen die frisch aus der Folter kamen, sah man es sofort. [...] Wir hatten drei, vier richtig gravierende Fälle, die richtig Berührungsangst hatten, [...] die eine regelrechter Niederkämpfung von Schockzuständen hatten...“.

[...]

„Dadurch, dass das aber immer als politische Position auftrat, waren eigentlich die psychischen Bewegungsmechanismen immer verdeckt, und das hat vielleicht auch zu, zu wirklich, zu Krankheiten geführt. Also Depressionsphasen, offene Depressionsphasen waren gar nicht so häufig verbreitet, aber, äh, 'ne anfällige Physis war schon da, also Anfälligkeit für Krankheiten und ähnliches mehr, das bestimmt also sich auch von der Seite her, aus der Exilsituation gespeist hat. [...] Männer neigen halt anders zu verarbeiten als Frauen. [...] und das alles führt aber dann dazu, dass sich dann manchmal so Explosionen — Implosionen und Explosionen — aufladen können. [...] Und das hat also auch zu sehr vielen familiären Problemen geführt. Das setzt sich dann unmittelbar um. [...] Deswegen sind also auch so viele Ehen zerbrochen. [...] Bei Männern da konntest du das selbst mit 'nem gemeinsamen Bier nicht lösen, immer mal übertünchen, aber nicht lösen. Da haben sich dann,..., also die politischen Konfliktlager haben das überlagert.“

***ibidem*-Verlag**
Melchiorstr. 15
D-70439 Stuttgart
info@ibidem-verlag.de
www.ibidem-verlag.de
www.edition-noema.de
www.autorenbetreuung.de